Johann Jakob Bodmer

Briefe berühmter und edler Deutschen an Bodmer

Johann Jakob Bodmer

Briefe berühmter und edler Deutschen an Bodmer

ISBN/EAN: 9783744705677

Hergestellt in Europa, USA, Kanada, Australien, Japan

Cover: Foto ©Thomas Meinert / pixelio.de

Weitere Bücher finden Sie auf **www.hansebooks.com**

Briefe
berühmter und edler
Deutschen
an
Bodmer.

Herausgegeben

von

Gotthold Friedrich Stäudlin.

Stuttgart,
Im Verlage der Gebrüder Mäntler.

1794.

Briefe an Bodmer.

Erste Abtheilung.

Vorrede.

Endlich erscheinen die „Briefe berühmter und edler Deutschen an Bodmer," diese kostbaren Reliquien, welche mir Bodmer kurz vor seinem Ende mit dem Auftrage, sie zum Drukke zu befördern, zusandte, und ich schon in der Vorrede zu seinen „Apollinarien" zu liefern versprach. Man wird fragen, warum sie erst so spät nach dem Tode des verewigten Mannes erscheinen: die Ursache ist

＊

wohl die , daß es — nur merkwürdige lite-
rarische Urkunden, und — weder Rittersagen
noch kleine Romane waren. `Vergebens suchte
ich so lange einen Verleger zu dem Werke,
bis ich endlich des Anbietens überdrüßig,
und zu stolz auf dieses Geschenk ward, um
mich länger damit zurükweisen laffen zu wollen. Endlich erscheinen sie in dem Verlage
der Herren Mäntler, welche sich zu def-
sen Uebernahme erboten haben.

Ich bin es gewiß, daß alle Freunde deutschen Geschmaks und deutscher Dichtkunst dem
ehrwürdigen Schatten Bodmers danken
werden, daß diese Briefe auf sein Verlangen
im Druk erscheinen. Sie werden immer wich-

tig in mehrfacher Rükficht bleiben: wichtig als Beiträge zur Geſchichte der deutſchen Litteratur, und wichtig als Denkmale des Jugendſinnes der Männer, die Deutſchlands Stolz ſind. Wem muß es nicht ein ſüſſer Genuß ſeyn, zu ſehen, wie Männer, in welchen wir den Schriftſteller eben ſo ſehr bewundern, als den Menſchen lieben müßen — wie ein Haller, Gellert und Hagedorn, ein Klopſtok Wieland und Gleim in der Blütenzeit ihres Genius, gedacht und empfunden haben — und zugleich ſo manchen Blik in den Gang ihrer Schikſale zu werfen! Wen rührt nicht die edle, ich möchte ſagen, kindliche Wärme, mit welcher die vortrefflichen jungen Männer ſich an den Vater der deut

schet Kritik anschmiegten, und ihr schönes
Harz vor ihm aufschlossen. Wer sieht endlich nicht beim Lesen dieser Briefe die Mor-
genröthe des deutschen Geschmaks in lieblichem
Schimmer aufgehn! —

Da diese Briefe ihren Verfassern in jeder
Rüfsicht Ehre machen; so darf ich hoffen, daß
die noch lebenden grossen Männer unter ihnen
die öffentliche Bekanntmachung derselben um so
weniger übel deuten werden, als Bodmer
nichts zum Drukke bestimmt hat, was ihnen un-
angenehm seyn oder werden könnte. Sie werden vielleicht selbst nicht ungerne in einen Spiegel schauen, aus welchem ihnen das Bild einer
so ruhmvoll durchlebten Jugend entgegen blikt.

Ich habe pünktlich Bodmers Befehle be=
folgt, alles, was er mit einem Deleatur be=
zeichnete, sorgfältig weggestrichen, und das
übrige ohne die mindeste Veränderung abdruk=
ken lassen. Auch die chronologische Ordnung,
in welcher die Briefe erscheinen, ist Bod=
mers Wille. Absichtlich hab' ich nirgends
dem Urtheile der Leser durch Anmerkungen
und auch da nicht vorgreifen wollen, wo ich,
wie z. B. in dem angehängten Gedichte, mit
Bodmern nicht selten ungleicher Meinung
war.

Die Namen der Verfasser dieser Briefe
bedürfen beinahe keiner Berichtigung: sie leben
bei weitem größtentheils schon längst in den Her=

zen aller patriotischen Deutschen. Am wenig=
sten bekannt mögen Heß und Guoth seyn.
Der erste war Prediger zu Altstetten, Züri=
cher Gebiets, und ist meines Wissens nie als
Schriftsteller aufgetreten. Guoth starb als
Schullehrer im Wirtembergischen. Er ist der
Verfasser einiger vielversprechenden Gedichte
in „Schmids Anthologie der Deutschen."—
Der Korrespondent Waser ist der Uebersezer
„Luzians."

Stuttgart, im September
1793.

G. F. Stäudlin.

———

Innhalt.

Erste Abtheilung

XIX

Dresden, am 24. Jenner 1744.

Die gefällige Antwort, welche ich von Ihnen auf meinen Brief erhalten habe, trägt einen grossen Theil zu meiner Beruhigung bei. Da Dieselben Sich meines Glüks haben annehmen wollen, so ist das Verdienst in meinen Augen eben so groß, als wenn ich würklich durch Sie das gröste Glük gefunden hätte. In der That bekomme ich noch eine gedoppelte Hochachtung für die Schweiz, weil ich sehe, daß kein Ausländer eine Bedienung darinn zu hoffen hat. Wollte Gott, meine Landsleute beobachteten ein gleiches!

So aber iſt ein Sachſe vielleicht der einzige, welcher ein Fremdling in ſeinem eigenen Vaterland ſeyn muß. „Noſtri homines Galliculos amant!" Indeſſen ſcheint es doch, als wollte mein Glük gegenwärtig anfangen, ſich geneigter zu bezeugen. Der Kammerherr von Mirbach, ein Mann von Redlichkeit und Wiſſenſchaften, hat ſich erboten, für mich zu ſorgen. Sein Haus, ſeine Tafel und ſein übriges Vermögen ſind zu meinen Dienſten. Ich bin ſchon ſeit Weihnachten bei ihm, und habe für nichts zu ſorgen, als wie ich ſeine Freundſchaft erhalte. Erwieſe er mir nicht zuviel Höflichkeit, ſo wollt' ich noch mehr zu ſeinem Lobe ſagen, welches aber gegenwärtig Ihnen zu partheiiſch ſcheinen möchte. Wenigſtens halte ich es für meine Schuldigkeit, Ihnen von dem Anfange meines Glüfs Nachricht zu geben. Ich bedaure nichts mehr, als daß die „ſchweizeriſche Sammlungen" aufhören; jedoch können dieſelben nicht würdiger abtreten, als da ſie zuvor dem „Leipziger Marktas" das Garaus gemacht haben. Künftige Oſtermeſſe kommt, — web

ches Sie vielleicht schon wissen werden — eine deut=
sche Ueberſezung von „Gerufalemme liberata" deß
Taſſo heraus. Der Ueberſezer iſt Herr Kopp,
der „die Alzire" bereits geſchwächt hat, ein Menſch,
auf welchem der Geiſt Gottſched's ruht. Der
elenden Ueberſezer werden izt bei uns ſo viele,
daß dieſe Leute, wenn ſie über einen Fluß wol=
len, den Fuhrmännern anſtatt: „ſezt über,
überſezt!" zurufen. Ein guter Freund von
mir verfertigte lezt über Koppen's Ueberſezung
deß Taſſo folgendes Knittelſinngedicht:

> „Den welſchen Taſſo hatte lezt
> Herr Sekretar Kopp überſezt."
> „Trau'n!" ſprach er, „Herr nun läſſeſt du
> Dein'n Knechte im Frieden fahren zu.
> Und wenn die Welt voll Schwelzer wär',
> So fürchten wir uns nicht ſo ſehr."

Ich bitte Sie um Verzeihung, daß ich Ihnen
ſo eine Kleinigkeit ſchreibe. Ich ſehe es wenig=
ſtens als einen Scherz an, welcher der koppi=
ſchen Ueberſezung vorgedrukt zu werden verdien=

te. Eben dieſer gute Freund ſchikte mir lezt Gottſcheden zu Ehren folgende Zeilen:

„Als Gottſched, wie man ſagt, lezt vor dem Spiegel ſtand,
So ſtrich er Bart und Kinn mit grundgelehrter Hand.“
„Wodurch Herr,“ ſeufzt’ er, „kann dein Knecht verewigt werden?“
Gott ſprach in ſeinem Zorn: „Bleib’ ein Poet auf Erden.“

Herr Pyra hat mir noch nicht wieder geantwortet. Ich falle beinahe dem Urtheile bei, welches Dieſelben von ihm fällen. Gegenwärtig bin ich über der Beſchreibung „der ſchönſten Nacht“ beſchäftiget. Erhält dieſes Gedicht Ihren Beifall, ſo ſchäze ich es hoch und mich glüflich. Es iſt eine wollüſtige und alſo ſehr gefährliche Materie. Jedoch denke ich:

„Me legat in ſponſi facie non frigida virgo
Et rudis ignoto factus amore puer.“

Ich trage Bedenken, Dieſelben noch länger mit meinem anmerkwürdigen Briefe aufzuhalten. Ich wiederhole alſo nur den Dank, den ich Ih=

nen für die Mühe, mein Glük zu befördern, schuldig bin. Fahre ich so fort, wie ich ange= fangen, so hoffe ich nicht ferner Ursache zu ha= ben, mich über mein Vaterland zu beklagen. Herr Liskov und Herr Hofrath König em= pfehlen sich Ihnen auf das ergebenste. Ich bin 2c. 2c.

Johann Christoph Rost.

Dero Zuschrift vom 30. März, die ich rich=
tig erhalten habe, versichert mich noch von neuem
Ihrer unschäzbaren Gewogenheit, wofür ich Ihnen
ganz ergebenst verbunden bin. Vor allen Dingen
habe ich die Ehre und zugleich das Vergnügen,
Denenselben zu melden, daß ich das Haus des
Kammerherrn seit einigen Wochen verlassen, und
zwar auf die angenehmste Art. Des Grafen von
Brühl Exzellenz haben mich in Ihre Dienste ge=
nommen. Mein Gehalt ist so, daß ich bequem
davon leben kann, und die Hofnung, mich zu
verbessern, und durch diesen so gütigen als mäch=
tigen Herrn mein Glük mit der Zeit festzusezen,
ist alles, womit zufrieden zu seyn ich Ursache
habe. Weil er die wenigsten von seinen Leuten
künftig mit nach Polen nehmen wird, so habe
ich indessen Muse, mich in Dresden in den Wer=
ken des guten Geschmaks, soviel wir ungefähr
aufzuweisen haben, zu unterrichten. Für Dero
Geschenk — der „Vertheidigung der halleri=

ſchen Poeſie" — danke ich Ihnen auf das verr
bindlichſte. Es iſt an Walthern, den Hofbuch-
händler in Leipzig, abgegeben worden, der mir
zwar den Brief geſchikt, aber das Buch vergeſſen
hat. Ich bin indeſſen durch ein ſicheres Vorur-
theil überzeugt, daß es den ſchweizeriſchen Schriften Ehre und uns beſchamt macht, denn die,
welche ſich nicht mehr ſchämen, als Gottſched,
Schwabe ꝛc. ꝛc. ſind nicht werth, deutſche Luft
zu ſchöpfen. Die Proben der beiden Dichter aus
Bern ſind ſchön, geiſtig und von ſtarken Ausdrüken. Das Sinngedicht „auf die Langmuth der
deutſchen Geſellſchaft" nehme ich von Ihnen als
ein koſtbares Geſchenk an. An Herrn Heidegg-
ger iſt ein Exemplar meiner ſchlechten Arbeit
gegeben worden, womit ich Ihnen anzuwarten
mir die Freiheit nehme. Dieſelben werden ſo
gütig ſeyn, und allemal dabei denken, daß ich
ein Anfänger bin, der mit ſeinen Kindern am
allerwenigſten zufrieden iſt, ſich aber dabei bemühet, Ihrem Beiſpiele nachzufolgen, und mit
der Zeit die matten Landsleute immer weiter zu

rükzulassen. Herr Liskov scheint beinahe seinen
Kiel gestampft zu haben. Von dem Tode des
Herrn König werden Dieselben vermuthlich durch
Herrn Heidegger mehr Nachricht bekommen.
Irre ich nicht, so wird dieser Mann erst nach
seinem Tode recht beschimpft werden. Seine Familie steht in Bereitschaft, alle seine Gedichte
druken zulassen. Ich läugne nicht, daß er zuweilen einen guten Einfall gehabt, aber sechs Bän-
de von seinen Versen zu machen, das ist zu toll.
Jedoch da die Leute Geld damit verdienen wol-
ten, so ist keine Hofnung, die Ehre dieses Mannes zu retten. Darf ich Sie fragen, warum
sich nicht einmal ein muntrer Schweizer findet,
uns einen Entwurf zu einer vollständigen deutschen Grammatik zu liefern? Von meinen Landsleuten stehet es nicht zu erwarten, denn sie wissen nicht was sie thun, und thun gleichwohl alles, was sie wissen. „Die Belustigungen‟ gehen fort, allein der Ekel der Leser verfolgt dieselben auf dem Fuße. Ich wüßte ein Mittel,
Gottscheden und seinem „belustigenden

Phalanx" das Garaus zu machen. Man sollte
diesen Mann aufs Theater und zwar mit Namen
bringen. Eine einzige Komödie wäre im Stand,
ihn völlig bei uns zu erniedrigen. Ich fieng
vor einiger Zeit an, aber man haßt in meinem
Vaterlande die Satirenschreiber so sehr, als man
die Satiren liebt. Indessen will ich auf Mittel
denken, meine Absicht auszuführen. Der Titel
wird seyn: „Der Belustiger" oder derglei=
chen. Von Herrn Pyra habe ich nichts wieder
gehört; er hat mir auch auf meinen Brief nicht
geantwortet. Ich ersuche Sie gehorsamst, mir
bei Gelegenheit zu melden, ob es erlaubt ist,
zuweilen in die„schweizerische Sammlungen"etwas
einzuschiken. Ich bin ꝛc. ꝛc.

Rost.

Ich danke Ihnen zuförderst auf das verbindlichste für das Geschenk der „neuen Fabeln.“ Sie gefallen mir und allen, die sich um den Kern der Dichtkunst bemühen, überaus wohl. Sollte ich ein Urtheil davon fällen, so würde ich mit dem kritischen Herrn Vorredner einerlei Meinung seyn. Es ist zu wünschen, daß der Dichter in seinem Eifer fortfährt. Ich bin begierig, diese Messe etwas neues aus der Schweiz zu lesen. Gottsched und seine Bande werden recht verwegen, weil sie ein wenig Ruhe haben. In den „hallischen Bemühungen,“ welche in Leipzig verfertiget werden, wie man sagt, hat man Liskoven sein Testament machen lassen. Allein, ausser daß der Einfall alt ist, und von Philipp's Tode hergenommen zu seyn scheinet, so hat man denselben noch so mager, als es möglich gewesen, ausgeführt. Unser Liskov ist indessen ein großmüthiger Löwe. Nur fürchte ich, er werde endlich schlafrig werden, denn er ist gar zu gelassen.

Eine Ermunterung von Ihnen könnte vielleicht der stärkste Sporn für ihn seyn. Ich vor meine Person warte auf nichts, als auf die Satire der Frau Gottschedin wider mich. Diese Semiramis will, daß ich von Ihren eigenen Händen sterben soll. Ihr Werk soll bereits fertig seyn, und bei Hauden in Berlin gedrukt werden. Vielleicht habe ich die Ehre, Dieselben alsdann zum Lachen zu bewegen. Wenigstens halte ich dafür, Gottsched und seine Diener sind auf eine gelehrte Art nicht zu demüthigen. Wirft man ihm seine Unwissenheit vor, so wird er nicht mehr roth und antwortet auch nicht einmal. Die recht beissende Satire ist meines Erachtens allein fähig, ihm den Wind aus dem aufgeblasenen Busen zu bringen. Bei ihm muß es heissen:

„Post modo si pergas, in te mihi liber iambus Jinctu Lycambeo sanguine tela dabit."

Von Herrn Claudern habe ich die Ehre, Ihnen zu melden, daß er sich an dem hiesigen

Hofe als geheimer Sekretarius befindet. Er stehet wohl, und ist ein geschikter Mann. Ich habe
das Vergnügen ꝛc. ꝛc.

Rost.

───────────

Berlin, den 4. Mai 1745.

Die Verdienste eines Boomers und Breitingers um die ächte Poesie und Beredsamkeit sind von mir und einigen Freunden, welche sich vor einigen Jahren zum Besten der schönen Wissenschaften miteinander verbunden hatten, schon deutlich erkannt worden, ehe noch Ihre Schriften bei uns Zorn und Zwietracht in Bewegung brachten. Ich habe daher beständig nach dem Beifall Ihnen ähnlicher Männer gestrebt, und ich würde meine „poetische Kleinigkeiten,“ wie man sie mir nicht zuschrieb, auch niemals für die meinige erkannt haben, wenn sie sich nicht das Lob Derselben erworben hätten. Der selige Herr Pyra befand sich unter denselben, wiewohl ich ihn allzuspät kennen lernte. Dieselben werden den Verlust dieses braven Mannes in hiesigen Gegenden für sehr groß schäzen; mir ist er um desto betrübter, je unglüflicher ich mit meinen Freunden, die Verdienste haben, bisher gewesen bin. Sie sind entweder gestorben, oder allzuweit von mir

entfernt worden. Herr Lange in Laublingen
hat den durch Herrn Pyra erledigten Plaz in
meiner Freundschaft ersezt. Er ist seinem Freun=
de, wenn ich nach der Seite, die er mir gezeigt
hat, urtheilen darf, sowohl an Redlichkeit als
Geschiklichkeit gleich. Er hat mir jüngsthin Ih=
ren Wunsch eröfnet, hieselbst eine Monatsschrift
nach dem Muster der „geistvollen Schriften" im
Stande zu sehn. Ich habe hierauf Vorschläge
gethan, allein, da es darauf ankommt, daß ein
solches Unternehmen zum gemeinen Besten weis=
lich angefangen werde, so muß ich die Ausfüh=
rung, was mich anbetrift, so lange aufschieben,
bis sie eine künftige Bedienung befördern oder
hintertreiben wird. Sonst habe ich einigen Vor=
rath und einige geschifte Freunde; z. E. den
Herrn von Kleist und Herrn Uz, von denen ei=
nige Stüke in die Belustigungen gerathen sind.
Herrn Uz gehört der Lobgesang auf den Frühling,
und Herrn von Kleist das Gedicht an Wilhel=
minen, welche sich von vielen unterscheiden.
Wenn beikommende Versuche sich nur in dortiger

Gegend bei denen Männern Beifall erwerben kön=
nen, welche nach der Nachricht des Herrn von
Hagedorn den ersten Theil der „scherzhaften
Gedichte" nicht verworfen haben, so ist die Mühe,
welche mir mein Zeitvertreib gemacht, hinlänglich
belohnt , und zweifach angenehm. „Der blöde
Schäfer" wurde vor einigen Jahren in Berlin ver=
fertigt, und ich habe nachhero,- nach mir selbst ge=
machten Regeln auch den „Dreisten und Klugen" auf
das Theater geführt, von welchen der erste vor=
gestellt, der andre aber mehrentheils in Böhmen
verlohren ist, welchen ich noch nicht wieder er=
gänzt habe, diese drei Schäfer sollten ein ganzes
Stük ausmachen, wovon die Zwischenspiele für
sich selbst bestehen könnten. Sie werden Virgils
und Wernikens Schäfer nicht in den meinigen
finden. Die Hofdamen in Berlin sind aber von
denen in Rom und für welche Wernike geschrie=
ben hat, sehr unterschieden, und man muß sich
nach ihnen richten, wenn man ihr Lob verlangt.
Weil ich morgen nach Oranienbaum zum Für=
sten von Dessau reisen, und mich noch heute

dazu anschiken soll, fehlt es mir an Zeit, Sie
länger zu unterhalten. Ich würde ohnedem einen
allzulangen Brief schreiben, wenn ich völlige Frei=
heit hätte. Herr Sulzer wird das Paquet an
Kaufleute aus der Schweiz schiken, deßhalb darf
ich die Absendung nicht bis zu meiner Rükkunft
versparen. Ich sehe Dero Schriften, insonderheit
der Ausgabe Opizens und der „gelehrten Nach=
richten" begierig entgegen. Ich bitte mich dem
Herrn Professor Breitinger zu empfehlen,
und bin ꝛc. ꝛc.

Gleim.

1776 ?

Hamburg, den 30. Märj 1764.

Ihr verbindliches Schreiben vom 11ten Jul.
vorigen Jahrs, der trefliche „Opiz, Drollinger," die „Lieder" und die mir sehr angenehmen
Stükke der „Freimüthigen Nachrichten" sind richtig
bei mir eingelaufen, und ich kann nicht umhin,
dafür meinen schuldigen und und unendlichen Dank
hiemit zu bezeugen. Daß ich in der Neujahrs-
messe nicht, meiner Obliegenheit nach, geantwortet,
könnte ich dem Verzug weiterer Nachrichten aus
Bremen, womit ich meinen Brief zu versehen
gedachte, zuschreiben: aber ich will meine Ent-
schuldiguug der Vorsprache Ihrer Güte überlassen,
und immittelst gestehen, daß ich dermals durch
mannigfaltige Geschäfte und Aufträge in einen
Wirbel von Zerstreuungen gerathen, die mir wenig
Muße gestattet haben. Sie verlieren nichts durch
die Zögerung meiner Antwort, da ich Ihnen izt
aus des Herrn Stadtvogts Renners Schreiben
vom 21. Febr. melden kann, daß dortiger Senat
dem Syndikus Otten förmlich aufgetragen, per-

fönlich die „Goldaſtiana" aus dem Staube heraus= und
durchzuſu...en, auch zu überlegen, ob in dem ver=
langten Volumine etwas dem Staate Nachtheiliges
enthalten ſey. Doch ich will alles in ſeinen eige=
nen Wo=ten bekannt machen, wie folget: „Nach=
tem dieſes mit der dem Hrn. Syndikus gewöhn=
lichen Sorgfalt geſchehen, hat derſelbe mir vor
14 Tagen nicht allein gedachtes Volumen, ſondern
auch zur Vergeltung meines ungedultigen Wartens
noch den „Wigolais" und den „Freibank," wo=
bei noch einige andere Gedichte vorhanden, gegen
meinen Verſicherungsſchein, dieſe Stüke nicht aus
meinen Händen zu laſſen, eingeliefert. Ich habe
inzwiſchen auch aus der Bibliothek unſers königl.
Gymnaſii den „Geſang des Conradi Würzbur-
genſis von der Jungfrau Marie" erhalten,
und alſobald, ſo viel meine unbeſtändige Geſund=
heit und tägliche Amtsgeſchäfte verſtatten wollen,
rudi calamo die Beſchaffenheit aller dieſer Stüke
entworfen, und Auszüge daraus gemacht, welche
ich hier beiſchließe, und bey Gelegenheit dem Hrn.
Profeſſor Bodmer zuzuſenden gehorſamſt erſuche.

Sollte dessen „Codex" anderm Inhalts seyn, und
derselbe sich entschließen, solchen samt der „Gold=
astschen Sammlung"und auch etwas von den andern
hiesigen Gedichten herauszugeben; so halte ich un=
maßgeblich dafür, daß der „französische Codex" in
Zürich, der hiesige Vorrath aber hier abgedrukt
würde, und der Zürchsche Verleger sich mit Hrn.
Saurmann dahin vergliche, daß einerlei Format
und Typen genommen würden, damit das Werk
zusammengelegt, und ausgegeben werden könnte.
Ich bin genöthiget, diesen Vorschlag zu thun,
weil ich hier keinen Menschen weiß, der alte
Schriften lesen, und zugleich ohne Fehler ab=
schreiben könnte, mir selbst aber es zu beschwer=
lich fallen würde, eine Abschrift des ganzen Werks
auf einmal zu machen, welches ich jedoch bogen=
weise, so viel nemlich nachgerade in der Drukerei
gesezt werden kann, mit Gemächlichkeit thun,
und die Korrektur besorgen könnte, welche ich
auch lieber bei dem Druke, als bei einer Hand=
schrift übernehmen möchte, zumal mir die Aus=
besserung einer fehlerhaften, mehr Zeit als eine

B 2.

eigenhändige Abschrift, wegnehmen dörfte. Was
hier also fertig würde, könnte von Zeit zu Zeit
dem Hrn. Professor zugeschikt werden, damit der=
selbe Anmerkungen darüber zu machen Gelegenheit
hätte, welche dann zulezt gedrukt, und als ein
Anhang dem Werke beygelegt werden könnte." —
Hieraus, und aus der Beylage werden Sie genug=
sam ersehen, wie groß die Willfährigkeit des Hn.
Renners ist, zu Ihrem edlen Vergnügen etwas
beyzutragen. Ich lasse es dahin gestellt seyn, ob
sein Vorschlag statt findet, und bin der unmaß=
geblichen Meinung, daß Sie der Sache am füg=
lichsten rathen, wenn Sie an ihn schreiben, und
Selbst ihm Ihr Gutbefinden zu eröfnen belieben.
Er ist ein rechtschaffner Mann, aber sein Sauer=
mann ist ein unzuverläßiger Hableur, den man
durch etwas mehr, als Worte, fesseln muß, wenn
er nicht entwischen soll, wie ich erfahren, und
Ihnen um so minder verheele, als es dem Zürch=
schen Verleger zur Nachricht dienen kann. Die
Beiträge haben sehr geschikte Verfasser, nemlich
M. Cramer, Ebert, Gärtner, Rabener

und andere, die gut schreiben würden, wenn auch
keine Dichtkunst für die Deutschen in der Welt
wäre. Cramer hat neulich einige Stüke zu
einer moralischen Wochenschrift verfertigt, die
nach Ostern unter dem Titel des „Schuzgeists"
hier ans Licht treten wird. Was ich davon ge=
sehen habe, ist gründlich und schön, obwohl die
Idee nicht neu, und die Erscheinung seines Ge=
nii, meines Erachtens, nicht ausführlich genug
ausgearbeitet seyn mag. Der kritischen Monats=
schrift des Hrn. Gleims und seiner Freunde,
deren Sie gegen mich im Vertrauen erwehnen,
habe ich bisher mit Ungeduld entgegen gesehen.
Sie wird auch dazu dienen, einige übereilte Ur=
theile des „Büchersaals" zu untersuchen. Wenn
man aus den schönen „Observations sur la Comoedie
et sur le genie de Moliere par Louis Riccoboni" p.
318 — 346. die schalkhafte Absicht der italiäni=
schen Tragödie „Rutzvanscad le Jeune" nicht
hinlänglich kennte; so würde die Art, wie solche
in dem „Büchersaale" dem Leser vorgestellt wird,
ihm davon die irrigsten Begriffe beybringen. Mich

22

deucht, man beleidiget die Liebhaber der Dichtkunst, wenn man sich erdreistet, ihnen Bücher
bekannt zu machen, deren wesentliche Beschaffenheit man selbst so wenig einsiehet. Der Recensent
muß seinen „Ricconi" damals nicht aufgeschla-
gen haben. Mr. Zück hat unlängst vom Chur-
hannöverischen Hofe den Charakter eines Sekre-
tärs erhalten, und seitdem will er an den Auf-
säzen zu den gelehrten Neuigkeiten des hiesigen
„Korresponденten" nicht mehr Antheil haben. Da
er aber noch immer im Grundtischen Hause, und
recht unter der Drukerei wohnte, so glaube ich
ihm nicht, kann es ihm aber nicht verübeln,
daß er izo sich nicht offentlich zu dieser oft un-
dankbaren Arbeit bekennen will. Seine freien
Urtheile sezt er dennoch fort. Sie haben mir
eine rechte Gefälligkeit erwiesen, indem Sie mich
des „Salvini Uebersezung des Homer" kennen
gelehrt haben. Dürfte ich mir eine Nachricht
von den neuern und besten Briefstellern der Ita-
liäner ausbitten? Ich meine also weder den
schwülstigen Loredano, noch den schäzbaren.

Bentivoglio, sondern einen solchen, der,
beides in Geschäften und über andere Materien,
solche Briefe geschrieben, die etwa mit dem
Bassy, dem Fleschier oder allenfalls mit dem
Patin zu vergleichen, und nach der gegenwär=
tigen üblichsten Art sich auszudrüken eingerichtet
wären, und mir zum Muster dienen könnten.
Von einer Riccoboxie, die, als Flaminia,
auf der Pariser Schaubühne einen ungemeinen
Beifall erhalten hat, sind Briefe heraus, die
vortreflich seyn sollen. Sie verzeihen mir, wenn
ich Sie aufs inständigste ersuche, für mich der=
gleichen Briefe, nach eigenem Gutbefinden, zu
wählen, und von einem Ihrer italiänischen Kor=
respondenten kommen zu lassen. Der Hof=Bü=
cher:ieferant, Walther, in Dresden, ist nur halb
gelehrt in der Kunde, durch welche er am meisten
gewinnt, und hat mir nicht einmal eine italiäni=
sche Grammatik verschreiben können, die dem
Desmarais oder dem La Touche ähnlich wäre,
obwohl zwo oder drei von der Art vorhanden
sind. Ich bitte also ergebenst, mittelst der ersten

Meß = Gelegenheit, von unterschiedenem, aber
recht modernen Geschmak, mir erlesene italiänische
Epiſtolographos und, wenn auch Wälschland einen
Sittenmahler, einen Spectator ꝛc. NB: auch nur in
richtigen Ueberſezungen beſize, dergleichen zugleich
kommen zu laſſen. Hier habe ich keinen Freund,
dem ich eine Fähigkeit zu einer solchen Wahl zu=
trauen könnte, und der es mir darin, entweder
aus zu großer oder zu kleiner Gelehrſamkeit recht
machen würde, da ich hauptsächlich auf den izo
üblichen Gebrauch im Schreiben ſehe, und auch
Kleinigkeiten nicht ausſchließe, wenn ſie nur
natürlich und artig sint. Neulich habe ich des
„Crefcimbeni Iſtoria della volgar Poeſia“ geleſen,
und vieles daraus gelernt, das zur „Hiſtoria literaria“
gehört: doch möchte ich von allen Sonnetten, die
ich in seiner Sammlung angetroffen, nicht zehen,
und unter diesen am liebſten das vom Conte Buſſi
V. 2. p. 532. gemacht haben. Zappi scheint mir
ein guter Dichter zu ſeyn. Sie wiſſen, in wel=
chem Ansehen er unter den Arkadiern geſtanden.
Sind seine Gedichte besonders herausgekommen?

Kennen Sie einen florentinischen neuern Dichter,
Tagioll? Von der oberwehnten Helena Bal-
letti Riccoboni habe ich im siebenten Bande
des „Nouveau Théatre Italien" ein Lustspiel, „Le
Naufrage," gelesen, das, ungeachtet des darinn
vorkommenden Arlefins, mir sehr gefallen hat,
und aus dem „Mercatore" des Plautus ent-
lehnt ist.   Im „Journal littéraire, T. XI. P. I.
Art. 9. finde ich eine ziemliche Nachricht von
dem Satirenschreiber Salvator Rosa, den
ich hier vergebens suche: wie ich denn auch des
berühmten Redi dithyrambisches Gedicht, „Bacco
in Toscano," in keinem Bücherfaale zu entdekken
weiß.   Bayle in seinen „Nouvelles de la Rep.
des Lettres, 1676. p. 946." meldet daraus, daß
er über die Worte des Horaz: „Purpureis ales
oloribus," angemerfet, „qu'il y a véritablement
une raçe des Cygnes, dont personne n'a encore parlé,
& qu'il a souvent vû dans les chasses de Mr. le Grand-
Duc, lesquels ont toutes les plumes de la tête, du
col & de la poitrine marquées à l'extrémité d'une
pointe jaune comme de l'or, tirant sur le rouge."

Den Petrarch, Taſſo und Marino habe
ich vorlängſt geleſen, ja ſogar den Arioſt; aber
nicht nur Pope, ſondern ſchon Boileau haben mir einen Ekel wider jene erwekt, weil ich
in denſelben mehr Figuren als Natur angetrof=
fen. Nur einem Meraſtaſio verſtatte ich eine
Ungleichheit in der Schreibart, weil er ſich auch
nach den Weibern oder weiblichen Perſonen richten müſſen, die ſeine, faſt mehrentheils ſo ſchö=
nen Worte abſingen ſollen. Sein Werk von der
tramatiſchen Dichtkunſt mag unvergleichlich ſeyn;
hier findet man es nicht; hingegen hat er in der
poſſirlichen Schreibart einen Verſuch gemacht, in
dem man ihn kaum erkennt. Auch ſtehet ihm
kaum zu verzeihen, daß er in ſeiner „Opere dram-
matiche T. IV. p. 33. 34.“ die franzöſiſchen Manieren
lächerlich vorſtellet, und die Handlung des Stüks
p. 26. in eine chineſiſche Stadt geſezt hat, aus
welcher wohl eben nicht nach Paris gereiſt wird.
Da Sie mir melden, daß vom „Miſodeme“
ein Band von zwanzig Stükken herauskommen
wird, ſo ſehe ich ihm mit nicht geringem, ten

„Sittenmalern" aber mit dem gröſſeſten Ver=
langen entgegen , als welche ich in ihrer erſten
Ausgabe mit ungemeinem Vergnügen geleſen habe.
Ich kann mir leicht vorſtellen, wie viel neue Schön=
heiten dieſes ſinnreiche und nüzliche Werk izo ge=
wonnen.   Der „Theſaurus hiſtoriæ Helveticæ" iſt
mir nur aus dem „T. II. Hiſtoriæ Struvio Bude-
rianæ , p. 1305. 1306. bekannt. Aus dem dortigen
Verzeichniſſe der Schriften dieſer Sammlung er=
hellet ſattſam, taß darinnen eine Menge beträcht=
licher und glaubwürdiger Merkwürdigkeiten aus
der politiſchen und natürlichen Geſchichte der Schweiz
enthalten ſind, deren Kenntniß auch Fremden ſehr
angenehm ſeyn muß.   Herr Renner hat mir
aufgetragen, Ihnen ſeinen Henning zu ſenden,
und ich füge ſolchen das Winklerſche Pro=
gramma bei , aus welchem ſie einen der gelehrte=
ſten und beſten Männer , den ſeel. Burgermei=
ſter Anderſon, den wir vor drei Jahren ver=
loren , genauer werden kennen lernen : ingleichem
die Stükke des „Fremden," in denen der Herr
Schlegel, (teſſen Schreiben ich meinem leztern

an Sie angeschlossen) von den dänischen Dichtern
Nachricht giebt. Die Erfindung, in die er sol=
che einkleidet, scheint mir nicht glüklich zu seyn.
Die Ostermesse wird uns eine Sammlung „Gel=
lertscher Fabeln“ liefern. Herr Liskov in
Dresden ist Kriegsrath geworden. Von seinem
Philippi hört man izo nichts. Vielleicht ist
er izo würklich verschieden. Ich lese, so wie
Dieselben, die Schriften des M. Meyers in
Halle mit Vergnügen; gestehe aber doch, daß ich
wünschte, er möchte sich freier erklären, und
mehr Litteratur und Munterkeit seinem Vortrage
geben. Dem Herrn Breitinger empfehle ich
mich ergebenst, und habe über Dero Nachricht,
daß er ein ansehnliches und einträgliches Canoni=
cat erhalten, die Freude doppelt empfunden, die
ich jederzeit habe, wann ich vernehme, daß Ver=
dienste glüklich sind. Mylius soll fast der ein=
zige Verfasser der „Hallischen Bemühungen“, seyn.

Sie werden die Länge meines Briefs ent=
schuldigen, und der Hochachtung und wahren Er=

gebenheit zu gut halten , womit ich lebenslang verharre xc. xc.

Fr. v. Hagedorn.

Ich würde mir den Vortheil schlecht zu Nutzen machen, den sie mir unterm 28sten März so gütig zugestanden, mit Ihnen in Briefwechsel zu treten, wenn ich auf Ihren Scherz über die sächsische Höflichkeit weitläuftig antworten, und die Gelegenheit, mich mit Ihnen zu unterhalten, die ich aus einem weit bessern Endzwek gesucht, zu Complimenten mißbrauchen wollte.

Ungeachtet ich gar nicht läugne, daß ich deß Herrn Professor Gottscheds Freund gewesen, und noch bis die Stunde nicht mit ihm zerfallen bin, außer daß er nicht für gut findet, mir auf meinen lezten Brief zu antworten: so mache ich einen so grossen Unterschied zwischen der Freundschaft und der Uebereinstimmung der Meinungen in gelehrten Sachen, daß ich Sie bitte, zu den

dreien Parthien , die Sie in Ihrem Schreiben
anführen, noch eine Vierte für mich und Andere
meines gleichen hinzuzusezen , die keinen Abscheu
vor Streitschriften haben, sondern sich Mühe geben , die nüzlichen Sachen , so darinnen gesagt
werden, zu ihrem Nuzen anzuwenden; die einen
Tadel, er komme woher er wolle, mit Gelassen=
heit annehmen , und sich daraus zu verbessern
suchen , wenn er auch noch so bitter wäre , oder
ihn durch die Zeit stumpf-werden lassen , wenn
er vielleicht blos aus kleinem Eifer herrührt; de=
nen ein Lob allezeit übel schmekt , das ihnen aus
Partheilichkeit gegeben wird , und deren Regel
ist :

„Thu' recht , und laß' der Welt die Sorg' um
deinen Ruhm. "

Sie werden von so vielen Leuten in Leipzig hoch=
geschäzt , daß ich unter denenjenigen, die ich ken=
ne , eine gute Anzahl weiß , welche alle der
Drontes und Potelwiz seyn könnten , mit
denen Sie Briefe wechseln , und es mir also

schwer wird, zu errathen, wer es ist. Wenn
es unterdessen eine Person ist, die mich genau
kennt, so wird sie Ihnen sagen können, daß ich
allezeit von diesen Gedanken gewesen, und daß
ich mich davon auch durch die Stiche nicht ab-
halten lassen, die ich von beiden Seiten bekommen habe. Wenn ich Ihnen dieses von der
„Chronique scandaleuse“ des deutschen Wizes in
Leipzig erwehnen wollte, dörfte ich mich nur
auf die Zeiten berufen, da das Dichterkomplott
fast allen, die darinn getroffen waren, die Galle
rege gemacht hatte, und ich mich genug zu er-
wehren gehabt, nicht in den Streit gezogen zu
werden, weil ich, die Wahrheit zu gestehen, der
Verfasser des sogenannten „waschhaften poetischen
Schreibens wider den Herrn Mauvillon“ bin.
Ich würde damals Ihnen in einem besondern
Briefe die Auslegungen in der Stille zu beneh-
men gesucht haben, die es Ihnen gefallen, von
diesem Schreiben zu machen, wenn ich die Gelegenheit gefunden hätte, Ihnen und dem Herrn
Prof. Breitinger ein Schreiben zuzuschiffen,

und mir nicht dieses Vergnügen erst bis izo auf-
behalten gewesen wäre.

Wenn die Zeiten in Leipzig izo so sind, daß
man sich aus dem Lobe Herrn Gottscheds keine
Ehre macht: so finde ich sie gegen diejenigen eben
nicht verändert, da ich mich daselbst aufgehalten.
Ohngeachtet er mir die Ehre thut, mich unter
seine Schüler zu rechnen, und sich an dem „Hermann“ viel Antheil zuschreibt: so muß er mich
wohl nothwendig unter diejenigen rechnen, die
sich allezeit heimlich darüber geärgert, wenn sie
seinen Beifall vollkommen gehabt, und an denen
er nicht viel Gutes für sich gezogen hat, indem
die „Dido,“ die ich verfertiget, ehe ich ihn einmal gesehen hatte, nach seinem Urtheile besser gerathen ist, als der „Hermann,“ der unter seinen Augen entstanden, und ihm nichts zu danken hat, als daß er mir die Wahl dieser Materie und dieselbe Ausführung widerrathen, von
dem Ausdrucke aber wenig zu sehen bekommen,
ehe es fertig gewesen.

C

Ich weiß nicht, ob der Herr Pyra noch
lebt, oder nicht. Man ist so gewohnt in der
wizigen Welt Zeitungen von dem Tode der
Leute auszustreuen, daß ich nicht weiß, ob sein
Tod würklich geschehen ist, oder eine sinnreiche
Erfindung seiner Gegner seyn soll. Viele von
seinen Urtheilen sind in der That sehr gründ=
lich, ich finde nur seine Gedanken nicht mit ei=
ner solchen Stärke ausgedrükt, als ich wünschte.
Er hat, dünkt mich, nicht Unrecht, daß er
eine Kritik über den Vers des Herrn Haller —
„Bald, wenn der trübe Herbst die falben Blät=
ter pflükket" — die ich in meiner Abhandlung
von der Nachahmung gemacht, widerlegte. Die
Antwort darauf, die ein guter Freund von mir
ohne mein Wissen aus einem meiner Briefe ge=
zogen, und in die „Hallischen Bemühungen,"
an denen mir niemals in den Sinn gekommen
war, Antheil zu nehmen, einrükken lassen, thut
mir selbst nicht Genüge. Gleichwohl finde ich
das Wort „pflükket" von einer andern Seite
nicht allzuwohl ausgesucht. Es scheint mir zu

klein für den Herbst, daß er sich beschäftiget, Blätter zu pflükken, und da es zumal die Absicht in der angeführten Stelle ist, den Herbst rauh vorzustellen, so wollte ich lieber, daß er den Boden unter falben Blättern versteckte.

Den „Inselberg“ hatte ich noch nicht gelesen, da ich gestern ihren Brief erhielt; so viel ich aber aus dem Wenigen sehe, das ich gestern Abends noch lesen können, so ist darinnen viel Munterkeit, und ein sehr männlicher Ausdruk.

Die „Verwandlungen“ sind von Herrn Zachariä. „Die beste Welt“ habe ich noch gar nicht gesehen, woraus Sie urtheilen können, wie zeitig man hier neue Schriften bekommt. Wenn „der Unzufriedene“ in ungebundener Schreibart ist, so ist er ein Werk von meinem Bruder, von dem er mir gemeldet, das ich aber ebenfalls noch nicht gesehen. Die „freundschaftlichen Lieder“ kenne ich gleichwohl noch nicht.

Sie werden diese Messe eine Uebersezung der

„Verwandlungen des Herrn Holberg" zu sehen bekommen , die ihres Verfaffers , eines
Buchdruffergefellen , würdig ift. Diefes Gedicht
ift eines der beften von Herrn Holberg, aber
auch im Dänifchen kein aufferordentliches Werk,
ohngeachtet es weit über die Ueberfezung ift.
Der Einfall , Thiere zur Strafe in Menfchen
zu verwandeln , hätte eine beffre Außführung
verdient. Wenn Sie begierig find, den nordi-
fchen Wiz genauer kennen zu lernen , fo werden
Sie einige Anmerfungen über die dänifche Poeten in dem „Fremden," einer Wochenfchrift, die
ich nunmehr befchloffen habe , und die ganz von
mir ift , — antreffen. Wenn ich Gelegenheit
fände, etwas mehr als einen bloffen Brief an
Sie zu überfchiffen , fo wollte ich Ihnen den
Anfang eines neuen Trauerfpiels, „Canut," und
zwei Bücher von einem Heldengedicht, „Heinrich
der Löwe," zufenden, die ich Ihnen gern mittheilen wollte, ehe fie gedruft werden. Die
dritte Abtheilung meiner „Abhandlung von der
Nachahmung," wird vielleicht niemals gedruft

werden. Der Herr Professor Gottsched muß
etwas kezerisches darinn gefunden haben, weil er
eine Lage daraus verloren, und da ich sie ihm
noch einmal schikte, sie noch nicht an's Licht ge=
bracht hat. Einer poetischen Ueberßezung der
„Elektra des Sophokles, mit Anmerkungen
über das Theater, und besonders mit Paral=
lelen zwischen dem Euripides, Aeschylus
und Sophokles," gehet es eben so, als
welche schon vier Jahre gefangen liegt. 2c. 2c.

Johann Elias Schlegel.

Coppenhagen, den 8. Oktober 1746.

Meine Hofnung, diese Leipziger Michaelmesse einige Zeilen von Ihnen zu erhalten, hat zur Zeit noch nicht eintreffen wollen. Hingegen ist mir diejenige nicht fehlgeschlagen, die ich mir von der Schrift, des „natürlichen in Schäfergedichten,“ davon mir Dieselben geschrieben, gemacht hatte. Ich wollte wünschen, daß man ein gleiches Werk von den Trauerspielen hätte, worinnen viele Leute von Geschmak, die ich kenne, eine grosse Menge so unerträglicher als allgemeiner und in allen deutschen Trauerspielen gewöhnlicher Ausdrükke erblikken. Die Stürischen Uebersezungen sind davon eben so voll, als die Gottschedischen Originale; gleichwohl getraue ich mich nicht, derjenige zu seyn, der diese Fehler entdekt, weil man es für eine Nachbegierde meines „epigrammatischen Hermann“ ansehen könnte, und ich es zwar für erlaubt, aber nicht eben für behutsam gethan halte, über diejenige Art der Poesie Kritiken zu machen, darinnen man selbst arbeitet. Es war mir sonst eingefallen, ein halbkomisches und halbpathetisches Nachspiel über den Gärtner zu machen, ten Alexander zum König sezte, worinnen Alexander und andere allezeit den Charakter der tragischen Poesie in ihren Reden hätten, der Gärtnerkönig mit seiner Familie aber immer unvermuthet in die niedrigen Ausdrükke der deutschen Trauerspiele verfiele.

Wieder auf das Natürliche in den Schäfergedichten zu kommen, so weiß ich nicht, ob es eine kleine Bosheit oder eine Unwissenheit ist, daß die „Sylvia" eines hiesigen Schmierers, der deswegen ein Scribent worden, weil er zu keinem Kaufmannsdiener getaugt, in den Rang der „Atalanta" und „Elisie" gesezt worden: dieser Umstand aber macht die Parallel überaus lustig.

Ich sollte Ihnen wohl einige Nachrichten von

der Beschaffenheit des hiesigen Geschmakes ge=
ben. Es läßt sich aber so gar viel nicht davon
sagen, indem man wenigstens den Geschmak bei
Hofe nicht beschuldigen kann, daß er verderbt
wäre, sondern nur, daß er ein wenig gleichgül=
tig ist, und so zu sagen schläft. Ich rede nem=
lich von dem Geschmake der Leser, denn was
den Geschmak derjenigen angehet, die Werke des
Wizes verfertigen, so darf ich wohl sagen, daß
er überaus schlecht ist. Ich habe, so lange ich
hier bin, keinen einzigen guten Vers gesehen,
ich kann aber auch sagen, daß ich nicht leicht
hier einen schlechten Vers loben hören. Selbst
ein hiesiger Kammerjunker, welcher der beste un=
ter denen ist, die hier etwas arbeiten, kann es
nicht dahin bringen, daß man seine Gottschedi=
schen Oden loben wollte. Ueberhaupt ist man,
und ich glaube nicht ohne Grund, viel empfind=
licher gegen die Schönheiten des französischen
Wizes, als gegen den so sehr gerühmten deut=
schen Wiz. Gleichwohl redet jedermann deutsch
hier, und verstehet es so gut, als seine Mut=

terſprache. Ein ſehr munterer junger Herr hier ſagte mir neulich; daß er den „Gottſchedſchen Cato“ mit vieler Verwunderung geleſen hätte. Denn man hätte ihn in Deutſchland allemal verſichert, daß er ſehr ſchön wäre, und da er ihn läſe, ſo könnte er es doch nicht finden. Ich kenne einen ſehr vornehmen Schweden hier, der wenn er mich roth machen will, mir die Worte aus dem Aurelius vorſagt: „O Weib! ich bin dein Sohn.“ Auch der berühmte Holberg iſt hier lange nicht das, wofür ihn ſeine Ueberſezer und Nachahmer angeben, und er findet, was ſeine Komödien angehet, ſeine Bewunderer nur unter derjenigen Art von Leuten, unter welchen er die Materien dazu zuſammengeſucht; verſchiedenen von den vornehmſten Miniſtern all hier kann man gar nicht abſprechen, daß ſie Kenner ſind, und daß, wenn ſie einmal etwas mittelmäſſiges für gut ausgeben, es mehr zur Ermunterung als aus Ueberzeugung thun. Gleichwohl hat es bisher an dieſer Ermunterung gefehlt, und es iſt hier mehr als an einem andern

Orte in der Welt, bisher für eine Grosmuth
zu schäzen gewesen, wenn man sich auf die Wis=
senschaften gelegt, in dem man, die Theologie
ausgenommen, unwissend zu eben den Aemtern
gelangen kann, dazu man in andern Ländern
Wissenschaften braucht. Dennoch haben die mei=
sten jungen Leute, die einiges Vermögen haben,
dieselben nicht hintangesezt, und ihr vornehmstes
ist, die Historie ihres Vaterlandes sowohl als
ihre Sprache zu lernen. Man darf aus einigen
Umständen fast vermuthen, daß diese Einrichtung
unter der neuen Regierung geändert werden
werde, und auch die schönen Wissenschaften dürf=
ten vielleicht mehr Gelegenheit bekommen, sich
zu üben. Man sagt schon, daß wir Komödie
bekommen werden, und ich glaube wohl, daß
der Hof am liebsten eine französische Komödie
wird haben wollen. Dennoch habe ich auch Hof=
nung, daß die deutsche Komödie hier nicht so
ganz ohnangenehm seyn sollte. Dieses treibt mich
an, mit mehrerem Eifer als vorhin an meinem
„Kanut“ zu arbeiten, um es bei Gelegenheit

zum Vorschein zu bringen. Ich nehme mir die
Freiheit, Ihnen einen Auftritt aus dem dritten
Aufzuge mitzutheilen. — — — — —

— — — — — — —

Um einen kleinen Band von theatralischen
Sachen herausgeben zu können, lasse ich diese
Messe einen Versuch thun, ob ich meine Ueber=
sezung der „Elektra des Sophokles‟ von dem
Herrn Professor Gottsched, bei dem sie schon
fünf Jahre liegt und auf den „Aristoteles‟ war=
tet, wieder zurük bekommen kann. Ich habe
mich aber auch genöthiget gesehen, mein Wort,
so ich den Herrn Sammlern der „Bremischen
Beiträge,‟ wegen des Trauerspiels, „die Tro=
janerinnen,‟ gegeben hatte, wieder zurük zu
nehmen; und zu diesen drei Stükken wird noch
eine Komödie, unter dem Titel, „der Geheri=
me,‟ kommen.

Es sollte mir ein grosses Vergnügen seyn,
wenn ich vielleicht in einigen Tagen noch einen
Brief von Ihnen erhalten sollte. Die Aufrich=

tigkeit , womit mein voriger Brief abgefaßt ge=
wesen , verspricht mir , daß er Ihnen nicht un=
angenehmer als der erste seyn können. ꝛc. ꝛc.

J. E. Schlegel.

———

Coppenhagen, den 15. April 1747.

Sie verbinden mich recht sehr durch den Wunsch, den Sie mir thun, daß wir näher beisammen seyn möchten. So oft ich einige Arbeit vornehme, so fühle ich, daß ich Ihre Gegenwart nöthig hätte. Es ist so selten, daß man einen Freund findet, der zugleich Aufmerksamkeit und Wissenschaft genug hat, die Fehler eines Werks gleich bei dessen Geburt zu sehen, da sie sich noch am ersten ändern lassen; und es ist keine Schmeichelei, wenn ich Ihnen sage, daß mich nichts in meinen Arbeiten behutsamer machen kann, als wenn ich bei einer jeden Zeile, die ich schreibe, denke, was Sie dazu sagen würden, und ob ich Ihren Beifall verdiene.

Die kritischen Briefe, die mir Dieselben übersandt, habe ich erst gegen Ende des Januar erhalten, indem ich nicht eher Gelegenheit fand, sie aus Hamburg hieher kommen zu lassen. Ich

finde die Gedanken von dem Trauerspiele sehr
richtig und dem Begriffe desselben sehr gemäß.
Wenn alle Kunstgriffe der Verwirrung, die Ari-
stoteles angegeben, nothwendige Stükke eines
Trauerspiels wären, dafür er sie doch nicht ausgiebt, so würden alle guten Trauerspiele durch
nichts als durch die Namen der Personen von
einander unterschieden seyn; oder vielmehr es
würde nur ein einziges vollkommenes Trauerspiel
geben, welches ohne Nuzen seyn, und beinahe
mit den schlechten Romanen in eine Klasse gehören würde. Dieses habe ich schon in Leipzig dem
Herrn Professor Gottsched öfters gesagt, der
nebst dem Zusammenhange der Scenen, welches
bei ihm, so viel ich finden können, das vor-
nehmste Stük eines guten Trauerspiels ist, auf
die Verwirrung der Fabel fast allein sahe, und
die Karaktere gar vergaß. Wiewohl auch die
Verwirrung der Fabel bei den deutschen Mei-
sterstükken sehr trokken außsieht, und die „Ba-
nise“ beinahe das beste darunter ist, (was nemlich die Verwirrung betrift.) Es ist mir lieb,

daß ich Ihnen schon in einem vorigen Briefe vergangene Michaelsmeſſe aufrichtig geſchrieben, was ich von dieſen Stükken halte. Sie werden es noch deutlicher aus der Vorrede ſehen, die vor meinen theatraliſchen Werken ſtehet, welche ich Ihnen beigehend überſchikke. Man kann nichts von den Regeln eines guten Trauerſpiels ſagen, ohne zugleich eine Satire auf den „Agis" und alle ſeine Brüder und Schweſtern zu machen. Und ſo ſehr ich mich in dieſer Vorrede in Acht genommen habe, eines davon zu berühren: ſo habe ich doch keinen kriechenden Ausdruk finden können, der nicht in einem von den Originalen oder Ueberſezungen der Schaubühne zu finden wäre. Ich nehme einige Stellen meiner „Dido" davon nicht aus, welche ich billig hätte ändern ſollen, wenn nicht Fehler, die ſich einmal eingeſchlichen haben, ſehr leichtlich ſich vor den Augen verſtekken, wenn man am nöthigſten hat, ſie zu ſehen. Der „Kanut" hat das Glük gehabt, daß der hieſige Hof ganz geneigt davon geurtheilet. Der Herr Geheimerath von Berkentin, Mi-

48

nifter vom Conseil , ein grosser Liebhaber der
Wissenschaften, hat gesucht ihn in das französi=
sche übersezen zu lassen , wenn der dänische Mini=
ster in Paris jemand hätte finden können, der
deutsch genug verstanden hätte , und es übernehr
men wollen.Wegen meiner Ueberfezung der „Elektra
des Sophokles" bin ich in ziemlichen Sorgen. Ich
weiß nicht , ob sie bei diesem Bande seyn wird ,
oder nicht. Denn da das meiste von diesem Bande
in Leipzig gedruft worden , so kommt es auf ei=
nen Zufall an , ob sie dazu zu rechte gekommen.
Ein guter Freund in Dresden säumte so lange mir
sie zu überschiffen , bis ich ihn bitten mußte,
wegen Kürze der Zeit sie gleich nach Leipzig zu
senden. Einige von den Verfassern der „neuen
Beiträge," die ich bat, die Ueberfezung durchzu=
sehen , haben mir gerathen , sie zu unterdrüffen,
weil sie vom Texte zuweit abgienge. Sie ist un=
terdessen in des Buchdruffers Händen, und eh ich
deswegen Anstalt machte, konnte sie schon gedruft
seyn. Man wird mich wenigstens nicht beschuldi=
gen können , daß ich den Text nicht verstanden

habe. Ich habe ihn auch nicht ausgedehnt, und
die Ueberſezung hat etliche dreiſſig Verſe weniger
als das Original, aber die Wahrheit zu ſagen
harte Verſe. Ich habe zuweilen ein Gleichniß=
wort in ein anderes verwandelt, welches ich für
nöthig hielt , weil nicht alle Gleichnißwörter in
allen Sprachen gleich edel ſind. Ich habe auch
wohl dann und wann ein Epitheton eingerückt.
Dieſes iſt, was ich mich davon erinnere. Unter=
deſſen iſt mir dieſer Rath meiner guten Freunde
eine ſchlechte Vorbedeutung von dem Beifalle der
Welt; ſo viel Mühe ich mir auch vor etwa fünf
oder ſechs Jahren wegen dieſer Ueberſezung ge=
geben habe.

Ich überſchicke Ihnen hiebei eine Abſchrift
von allem demjenigen, was ich noch an meinem
„Heinrich dem Löwen“ bisher gearbeitet habe,
wobei es auch ſeit drei Jahren geblieben iſt.
Sie werden darunter noch viel ſchlechte Verſe
antreffen , und zwar in dem erſten Buche mehr
als in dem zweiten. Ich finde allezeit, daß mich

die erste Hize der Einbildungskraft zu Nachläſſig=
keiten verleitet, die ich hernach nur mit vieler
Mühe verbeſſern kann. Wollen Sie es mir mit
ganz kurzen kritiſchen Zeichen der ſchlechten oder
fehlerhaften Stellen wieder zurükſchikken, ſo wer=
den Sie mich ſehr verbinden. Die Herren Ver=
faſſer der „neuen Beiträge“ haben dadurch meinen
„Trojanerinnen“ einen groſſen Dienſt gethan.
Dieſes Trauerſpiel war ſchon in ihren Händen,
nur mangelten noch etliche Stellen daran; da ich
Zeit bekam, bat ich mir es nebſt ihren Anmer=
kungen wieder zurük aus, deren ich die meiſten
ganz gegründet fand. Gleichwohl kann ich nicht
läugnen, daß ich dieſen Dienſt mit Undank be=
lohnt habe. Denn da es vorher in die „neuen
Beiträge“ gedrukt werden ſollte: ſo machte gleich=
wohl hernach mein Entſchlus, einen ganzen Band
theatraliſcher Sachen herauszugeben, daß ich mich
genöthiget ſahe, es zurükzubehalten, nachdem ich
noch mehr als etliche hundert Verſe daran ver=
beſſert hatte. Mein Bruder hat mir darüber ge=
drohet, daß ich mir dadurch Rivalen erwekken

würde , die ich nicht vermuthet hätte , weil man
die „neuen Beiträge" nicht ohne Trauerspiel seyn
lassen wollte , und diese Nachricht macht mir
viel Vergnügen : denn Deutschland hat noch sehr
viel dergleichen Stükke nöthig , ehe der Geschmak
von guter Poesie , der sich daburch am ersten
ausbreiten läßt , allgemein werden kann. Man
wird bald hier anfangen , Komödien zu spielen ,
wiewohl dieselbige allen Anstalten nach sehr schlecht
seyn werden : dieses veranlaßt mich , an einer
kleinen Komödie zu arbeiten, der ich noch keinen
Namen gegeben habe , indem der Name , „die
Bildsäule ," den Charakter davon nicht deutlich
genug zu verstehen giebt , und davon ich Ihnen
die Probe beilege.

Was die Reime betrift, so ist niemand, welcher mehr wünschte als ich, daß man das Wesen
eines Verses nicht in diesem Klange suchte: Gleichwohl finde ich , daß ich noch immer Ursache habe , dasjenige davon zu glauben , was ich in
meiner Abhandlung für die gereimte Komödie,

die in den „kritischen Beiträgen" stehet, davon
gesagt habe. Ich finde, daß der Mangel des
Reims nicht das einzige ist, was ich wider die
reimlosen Verse, auf den Fuß, wie sie bisher
gemacht worden sind, einzuwenden habe. Wenn
ich eine männliche Endung darinn erwarte, bekomme ich eine weibliche zu hören, wenn ich
glaube, daß ich am Ende des Verses bin, bin
ich in der Mitte desselben. Und die lateinischen
metra sind wegen der Verschiedenheit der pedum
gar nicht im Deutschen brauchbar, weil die ganze
lateinische und griechische Poesie nicht auf den
Accent, sondern auf moram der Silben gegründet
ist, zwei Dinge, welche ganz verschieden sind.
Ich weiß nicht, was Sie von meinem Vorschlage
reimloser Verse halten, davon ich Ihnen diese
Probe geben will, als den kleinen Anfang des
„Gärtnerkönigs," von dem ich Ihnen leztlich
geschrieben habe:

Hephästion.

Hier Alexander | zeig' ich dir den Helden an,
Den zu erwählen | mir dein Wink befohlen hat.

Das reiche Sidon | das um einen König fleht,
Wünscht diese Hände | die das Grabscheit hart gemacht
Durch seinen Zepter | würdiger gebraucht zu sehn.
In seinen Adern | fließt noch altes Königsblut,
Das selbst die Armuth | nicht beflecket noch erstickt.
Und seine Tugend | hat die Ehrfurcht ihm verschaft,
Die man dem Glücke | sonst allein zu leisten pflegt.
Der Sitten Einfalt | und der Worte Niedrigkeit
Umhüllt vergebens | die vortreflichste Vernunft,
Des Geistes Adel | glänzt verkleidet noch hervor,
Durch Gärtnerlippen | redet eines Helden Herz.

Abbol.

Ei! mach' solch Wesen | von so wenig Tugend nicht.
Ist's solch ein Wunder | um Zufriedenheit und Treu,
Daß man erstaunet | wenn man sie zu sehen kriegt.

Es ist dieses ein Versuch, den ich vielleicht niemals wagen werde auszuführen.

Der Herr Gellert, um auf ihn zu kommen, hatte, da ich noch in Leipzig war, mehr
natürliche Gaben zur Poesie, als in der Kritik
gegründeten Geschmak. Er fiel zuweilen auf einen falschen Glanz in den Gedanken, wovon seine

Gedichte, dadurch er sich zuerst bekannt gemacht,
voll sind. Herr Gärtner und andere haben
ihn nach und nach mehr davon abgebracht , wie=
wohl dieses alles wegen der grossen Zärtlichkeit,
die er gegen seinen Ruhm hat, mit vieler Be=
hutsamkeit geschehen müssen. Mich dünkt, er
hat eine etwas zu grosse Sorgfalt für denselben,
die er dann und wann durch Lobeserhebungen ge=
gen diejenige, von denen er wieder Lob erwartet,
verrathen. Seine „Betschwester“ gefällt mir sehr
wohl , einige wenige allzuromanhafte Ausdrükke
in den verliebten Scenen ausgenommen. ꝛc. ꝛc.

J. E. Schlegel.

Berlin, den 29. April 1747.

Sie haben mich bisher mit so viel unver=
gleichlichen Geschenken beehrt, und mit so viel
ungezwungenem Lobe überhäuft, daß ich schier
unvermögend bin, einen proportionirten Dank
dafür abzustatten. Doch, da Ihnen das Lob, so
Sie aus Ueberzeugung austheilen, selbst ein ei=
genthümliches Vergnügen macht, so habe ich schon
Ursach, mit mir einigermaßen zufrieden zu seyn,
daß ich zu verdrüßlichem Tadel nicht genugsam
Anlaß gegeben habe. Die „kritischen Briefe" ha=
ben den Minnesingern meine ganze Hochachtung
zuwegen gebracht, und ich habe seitdem, so oft
ich die Reste derselben Mädchen oder Freunden,
erklärt, allemal den ernsthaften Wunsch dabei
gethan, daß die völlige Handschriften davon in
keine andere, als in Dero Hände, zur Heraus=
gabe gerathen möchten. Ich glaube auch, daß
Dieselben nicht wie Gottsched eine Allmacht
nöthig haben, das „Volumen" aus der Pariser

Bibliothek zu bekommen; sonst wollte ich mich
um ein Mittel an hiesigem Hofe bemühen. Dero
gedankenvolle Gedichte haben aller Kenner Bei=
fall, absonderlich werden sie die Freunde der
h a l l e r i s c h e n Muse, der die b o d m e r'f ch e
so nahe verwandt ist, mit größter Begierde an
sich reissen. Ich muß zum Lobe Berlin's sagen,
daß noch einige denkende Menschen hier sind, die
H a l l e r s Gedichte aus dem Gedächtniß wieder
herstellen könnten, wenn sie verloren giengen.
Diese werden B o d m e r' s Gedichte mit gleicher
Hochachtung für dem Untergange schüzzen, und
für dem Neide, der Ihnen schaden könnte, in
Sicherheit sezen. Ich bin denselben insbesondere
für die vortheilhafte Bestimmung meines wahren
Charakters, der in der Zeile:

Der alle Mädchen liebt, doch nur der Doris treu

enthalten ist, desto mehr verbunden, je mehr es
Unverständige giebt, die den Menschen nicht von
dem Schriftsteller absondern. Von der Fürtref=
lichkeit der „neuen Erzälungen" bin ich noch
allzustark eingenommen, als daß ich mit richtiger

Ueberlegung davon reden könnte. Aber die Erzälung des Hippomedon's in den „Malern
der Sitten" habe ich schon oft den besten Kennern empsolen. Die Versart, welche er erwählt
hat , ist die einzige , in welcher man Fontä-
nens Naivität erreichen könnte. Sie kommt
der natürlichen Sprache näher, sie leidet längere
Worte, sie läuft in eins fort, und ist nicht so
monotonisch. Ich gestehe , daß ich im Stande
seyn möchte , zum Aufnehmen dieses Silbenmaf-
ses und der damit verknüpften freiern Art zu
denken , etwas beizutragen. Aber ich bin genöthiget , meine bessern Absichten weiter hinaus zu
setzen , um vortheilhaftere desto leichter zu erreichen. Ich möchte mir Pigmalion's Schik-
sal wünschen , um den Pflichten der Bürgerwelt
überhoben zu seyn ; „Pigmalion" ist ein Meisterstük, und er kann nur Sie zum Verfasser haben. Ich wollte alle meine Scherze dafür hin-
geben. Ich weiß nicht, mit welcher Macht Ihre
Schreibart auf mein Herz wirkt. Mich dünkt,
meine Leichte sei dagegen wie Spreu, das leicht

auseinander fliegt. Der französische „Pigmalion"
hat mir hingegen niemals recht gefallen, ohnge=
achtet ich wußte, daß ihn Dieselben schäzten.
Ich müste ihn noch einmal lesen, wenn ich zu=
geben sollte, daß er prächtiger sey. Der „ge=
plagte Pegasus" ist für seine Gegner desto em=
pfindlicher, weil er unter den Streitschriften seyn
wird, die auf die Nachkommen gelangen werden.
Wie viel Dank werden Ihnen dieselbe wissen,
daß das göttliche Thier bei seiner Mannbarkeit
erhalten ist. Wie glüklich wäre ich nebst denen,
so sie es übergeben haben, wenn wir machen
könnten, daß es dem Apoll und Ihnen nie=
mals Mitleiden erwekte oder Unwillen. Aber
wenn ich genöthiget würde, mich den Musen ganz
und gar zu entziehen, so hätte ich meinetwegen
beides nicht zu befürchten. Ich habe daher zum
voraus bei zufälligem Anlas meine künftige Träg=
heit gerechtfertiget. Der „Ursprung des berli=
nischen Labyrinths" wird Denenselben einen ältern=
den Dichter zeigen, der nicht mehr so feurig,
aber desto schwazhafter ist. Ich zweifle, daß ich

jemals im Stande seyn' werde, den „Timon" nach
Dero Entwurf zu Stande zu bringen. Ich las
neulich den „Timon des Dryden," und es schien
mir die Fabel bequemer zu einer Erzälung als
zu einem theatralischen Stükke. Wenigstens würde
Timon nicht viel höfliches sagen können, das
unsern Damen gefallen könnte. Gewisse Dinge
liest man gern , aber man mag sie nicht sehen.
Indessen möchte ich die Schwierigkeiten überwun=
den und Dero Verlangen erfüllt sehen, deswegen
entweder ich oder einer meiner Freunde den Plan
bebauen wird. Ich habe mich zeither vergebens
bemühet , den dreisten Schäfer dem blöden · bei=
zufügen. Ich habe entweder die Empfindungen
nicht mehr , die ich bei der ersten Verfertigung
hatte , oder ich bin selbst ein Blöder , und un=
terstehe mich nicht , Ihren Beifall noch einmal
zu erwerben. Ich bin noch nicht einmal dispo=
nirt gewesen, die Fehler, so dem blöden Schäfer
in dem Natürlichen in Schäfergedichten mit Recht
vorgeworfen sind, hinwegzunehmen, welches doch
die leichteste Mühe seyn würde , wenn die Lust

dazu nicht fehlte. Wer ist doch Verfasser von
bemeldter artigen Satire? Einige neuere Schä=
ferspiele scheinen in vollem Ernst nach ihren spot=
tenden Regeln gearbeitet zu seyn. Es sind in
der That so dumme Seelen, die die stärkste
Ironie, die fast an die scharfe Wahrheit gränzt,
verkennen. Ich würde keine Maase halten, wenn
ich wider diese und dergleichen deutsche Dumm=
köpfe ernsthaft eifern sollte, wie ich mich denn
überhaupt bisher der scharfen Satire auf Einra=
then meiner Freunde, und nach einer von mir
festgesezten Maxime, enthalten habe. Beikom=
mende Probe, „das Glük der Spizbuben,“ ist
bereits vor fünf Jahren gemacht, da ich über das
Glük noch nicht die geringste Klage führen durf=
te. Ich liebe einen zornigen Vers, aber nicht,
quam fecit indignatio. Wenigstens möchte ich mir
allemal einbilden können, daß der Poet durch
seine Privatumstände zu keinen Vergrösserungen
verführt sey. Der Herr von Kleist arbeitet an
einem Gedicht, welches, wenn mich die Freund=
schaft nicht verblendet, Virgils „Georgika“

zurükfassen wird. Der Anfang ist schon so reich
und prächtig, daß die Folge und das Ganze
nichts geringers muthmaffen läßt. Herr Hir=
zel hat das Vergnügen, dem Wachsthum def=
selben von Tag zu Tage zuzusehen, und sich zu
wundern, daß das Geräusch der Waffen die ru=
hige Muse nicht hindert. Sonst muß ich Ihnen
noch ein Paar muntere Köpfe bekannt machen,
nemlich den Herrn Uz in Anspach, der einen
fast zu delikaten Geschmak hat, eine gute Ode
singt, und sich bald an das Trauerspiel wagen
wird, und den Herrn Ramler, der sich einige
Meilen von hier bei einem Schwager aufhält,
der die Geschiklichkeit hätte, den „Horaz“ in
ein richtiges wohlklingendes Silbenmaas zu brin.
gen. Ich habe bereits vorgehabt, die geschikten
Odenstüke, die ich von diesen und ein Paar an=
dern im Vorrath habe, in eine übereinstimmende
Sammlung zu bringen, wie ich denn gleichfalls
durch die „neuen Erzälungen“ verschiedenen Ver=
faffern an Ausführung eines gleichen Projekts
zuvorgekommen bin. Außer dem „alten Freier,“

der hier ohne rechtschaffenen Werth Beifall gefunden hat, will ich doch dem Hippomedon
„eine neue Matrone von Ephesus" abschreiben.
Sie werden die Uebersezung „Anakreons"
ohne Zweifel gesehen haben. Es hat sie ein gewisser Herr Göz, der mit mir und Herrn Uz
in Halle bekannt wurde, da wir eben mit „Anakreon" Bekanntschaft machten, in einer so nach-
lässigen Gestalt herausgegeben, und sich absonderlich Herrn Uzens Arbeit zu Nuze gemacht.
Herr Gottsched weis nichts daran auszusezen,
als daß das deutsche Silbenmaß nicht allenthalben mit dem griechischen gleich ist; und er beurtheilt seinen Scherz in der Vorrede mit einer
Magistermine. Ich verlange von „Anakreons"
Uebersezer Richtigkeit, aber keine Knechtschaft.
Der leichte naive Ton verlangt bisweilen kleine
Zusäze, bisweilen eine andere Stellung der Ideen,
nachdem die Sprache sich bequemt. Ich will die
„Erzälung von der Taube" abschreiben, ob sie
so oder anders Ihren Beifall hat. Doch bitte
ich von der Anekdote Herrn Gözens nichts

öffentlich zu erwähnen. Vielleicht entschließe ich mich bald zum Druk des „deutschen Anakreons" selbst. Sind Ihnen deutsche Anakreons bekannt, welche in ihren Liedern die Gottheit höhnen? Herr von Hagedorn hat mit einem sanften Ton gesagt, „sie möchten es nicht thun." Wenn ich dergleichen kennte, so wollte ich sie mit Dithyramben, und nicht mit einem leichten Liede bestrafen. Aber mit den Priestern geht es mir, wie Anakreon mit den Helden. Wenn ich Ihr Lob singe, so schallt meine Leier von Liebe. Oben hätte ich Ihnen noch sagen mögen, daß ich von Deroselben gründlichen Feder eine Abhandlung von kleinen Gemälden lesen möchte. Diese würden unsern anakreontischen Dichtern wohl zu statten kommen, und sie lehren, wie sie dergleichen auftragen sollten, und — — doch ich müßte noch einige Bogen voll machen, wenn ich alles sagen wollte. Sie sind schon müde, und ich schließe mit dem Wunsche, daß übrige einmal mündlich nachholen zu können. Aber biß jezo scheint mir dieses Vergnügen nicht zugedacht

zu seyn. Ich bitte um meine ergebenste Empfeh=
lung an den homerischen Herrn Breitinger,
und alle Freunde der Dichtkunst, der Natur,
und des Vergnügens ꝛc. ꝛc.

Gleim.

Leipzig, den 13. März, 1748.

Erlauben Sie mir die Ehre, daß ich Ihnen den zweiten Theil meiner Fabeln und Erzälungen überreichen darf. Ich bin stolz genug, mir Ihren Beifall zu wünschen, aber nicht so eitel, daß ich mir ihn ganz versprechen sollte. Vielleicht würde ich's niemals wieder gewagt haben, Fabeln zu dichten, wenn Sie mich durch Ihren kräftigen Lobspruch nicht beherzt gemacht hätten, eben diese Belohnung noch einmal zu verdienen zu suchen. Gefällt Ihnen, und denen, die Ihnen unter Ihren Landsleuten gleichen, dieser wiederhölte Versuch, so sehen Sie ihn als eine Frucht Ihres Beifalls und meiner Dankbarkeit für diesen Beifall an. Wie gerne fragte ich Sie, ob Sie auch mit meinen Komödien zufrieden wären, wenn ich anders ohne Fehler länger von mir selber reden könnte. ꝛc. ꝛc.

Christian Fürchtegott Gellert.

Ihre letztern verbindlichen Briefe, welche ich beide den 21. Oktober vorigen Jahrs empfangen, und Ihre geneigte Sorgfalt für den Anwachs meiner besten Bücher bezeugen sattsam -

„That each good Autor is as good a Friend."

Noch bin ich nur im Stande, dafür meine Erkenntlichkeit durch zwei oder drei englische Bücher zu bezeugen, hoffe aber meiner Schuldigkeit besser nachzuleben. Ich bin des einzigsten Exemplars habhaft worden, das von Mallets treflichem Gedichte, „Amyntor and Theodora," hier vorhanden ist, welches Ihnen hiemit zu senden und solchem dessen „Poems on several occasions" hinzuzufügen, die Ehre habe, darinnen Sie nicht nur sein Gedicht „of verbal Criticism, sondern noch verschiedenes mit der angenehmen Empfindung, den der wahre Wiz dem wahren Geschmak erwekt, vorfinden werden. „The Excursion" wird in England für ein Meisterstük gehalten. Der heutige deutſche Wiz der neueſten Dichter würde vielleicht mit dieſem allgemeinen Beifall der miltoni= ſchen Britten ein lächerliches Mitleid haben, wenn er denen Lehrern folget, die ihn auf keine andere als deutſche Muſter weiſen, und zeitig ei= nen Ekel vor Fremden beibringen. Mallet hat es ſeiner Poeſie und ihrem Ruhme zum Theil zu danken, daß eine ſehr reiche Engländerinn ihn geehlichet hat. Ich ſende Ihnen auch „Tur= bull's Abhandlungen vom Auguſt, Mä= cen und Horaz“ ꝛc. aus welchen nicht wenige Anmerkungen in Ihren kritiſchen Briefen einer Unterſuchung würdig zu ſeyn ſcheinen, als: ob das alte Basrelief würklich den Auguſt, Mä= cen, Agrippa und Horaz nach der Erklä= rung Seite 66. und 67. vorſtelle, wovon ich wenigſtens nicht überzeugt bin. Aus Ihrem lez= ten Schreiben erſehe ich, daß Sie den Shaf= tesbury vor Andern hochachten, und ich hoffe alſo, daß was Turnbull aus ihm geſammelt hat, Ihnen um ſo angenehmer zu leſen ſeyn werde. Johnſons ſo lebhaft und gründlich

entworfenen „Plan of a Dictionary of the English
Language" werden Sie gleichfalls als eine hin=
längliche Probe seiner Fähigkeit zu diesem Werke
ansehen. Zugleich unterwerfe ich Dero Beur=
theilung des geschikten Gifeke Ode, an wel=
cher gewisse hiesige Leser nur den Mangel des
Reims aussezen, „und mein Schreiben an einen
Freund." Ihren reizenden „Pigmalion" habe
ich durch ein junges Frauenzimmer, das zu le=
sen, und mehr als zu lesen weis, einer Garten=
gesellschaft vorlesen lassen, in welcher, einiger
kleinen flüchtigen Bedenklichkeiten ungeachtet, alle
diejenigen natürlichen Folgen des Beifalls hervor=
eilten, quæ satis apertis notis judicium ab humani=
tate discernunt. Die „deutsche Dunciad" erfodert
schon grössere Kenner und Deutsche, welchen auch
der „englische Hendecasillabus," den Sie mir zu
einer Erzälung vorschlagen, nicht zuwider ist,
und die reimfreie Verse nicht bloserdings den
anakreontischen Oden erlauben wollen. Hier
ist es so wahr als seltsam, daß Dichter, die
noch immer ihre Gedanken gereimt haben, Am=

dern und sich selbst nicht zutrauen, daß sie so
glüklich und gefällig ohne die klingenden Fesseln
des Reims sich ausdrükken , als nach Ablegung
derselben. So vermögend und mechanisch ist die
lange Gewohnheit! Qui in ompedibus corporis sem-
per fuerunt , etiam cum soluti sunt, tardius ingre-
diuntur, ut hi qui ferro vincti multos annos fuerunt.
So schön auch die „Duncias" im Englischen und
im Deutschen ist , so würde man doch Gefahr
laufen , nicht nur den deutschen Dunces, sondern
auch gegen Vermuthen Feinden derselben zu miß=
fallen , wenn man an gewissen Orten deutsche
Namen einschalten wollte. Niemand fehlt es an
Feinden und boshaften Lesern. Wenn also die
Zeilen:

> Da Liscov, Deutschlands Swift, verurtheilt ist,
> Sarmatische Staatsschriften zu verfassen,

in Ihrer „Duncias" stünden ; so würden Uebel=
gesinnte ihn meisterlich zu beschuldigen wissen,
daß er gegen Sie oder andere eine stolze Unzu=
friedenheit über seine Amtsgeschäfte bezeugt ha=
be, und daraus ihm nachtheilige Deutungen ma=

chen, auch in Dresden nicht einräumen, daß eine
gute Staatsſchrift zu verfertigen , nicht eben ſo
wohl einen ſtarken und geübten Verſtand erfode-
re , als z. E. die Vortreflichkeit der elenden
Skribenten ſo ſcharfſinnig zu beſchreiben , als
mein Freund Liſcov gethan hat. Was Sie
aber von Sich, von Schmidten und Maiern
daſelbſt einflieſſen laſſen , das kan auch die feind-
ſeligſte Abſicht dieſen zu keinem Nachtheil ver-
drehen.

Doch ſtünde aller Beſorgnis abzuhelfen, hingegen würde man auch die Stelle ſchwächen ,
wenn man Liſcov's Namen dem Leſer nicht
benennte , ſondern ihm überließe , zu errathen,
wer Deutſchlands Swift iſt. Die poetiſche
Welt liegt in dem Umfange der gröſſern politiſchen. Sie werden durch Geſeze und Maximen
regiert und erhalten , die von einander ſo un-
terſchieden ſind , als die Gedichte des verſtorbe-
nen groſſen Miniſters , der aus dem Shake-
ſpear den Julius Cäſar überſezt, und auch

onſt mit der Poeſie und den Poeten es ſo rühm-
lich und gut gemeint hat, von der „Trauer eines
Vaters“ und dem Gedichte „von den Wohlthä-
tern der Stadt Zürch,“ darinnen das Gleichniß
in der 177ſten Zeile und den folgenden das
ſchönſte iſt, das ich jemals geleſen zu haben mich
entſinne.

Mir iſt der Herr Paſtor L a n g e von Leuten, die ihn perſönlich kennen, als ein ſo arti-
ger Mann beſchrieben worden, daß ich bedaure,
auf meine Zuſchrift von ihm, keine Antwort
empfangen zu haben. Ich hatte ſolche durch
B o b n e n ſeinem Verleger, H e m m e r d e, zufer-
tigen laſſen. Sie muß alſo richtig eingelaufen
ſeyn. Dergeſtalt aber habe ich auch die „Reiſe
nach Gaß“ nicht erhalten, um welche ich ihn,
mit Dero verſicherten Vergünſtigung, in meinem
Briefe erſucht hatte. G l e i m, den ich auch
ſehr hochſchäze, iſt mir auch noch eine Antwort
ſchuldig. Ich weiß nicht, ob noch

G l e i m unbeſördert lebe mit tauſend Sünern.

72

Vor vielen Freundſchaften aber iſt Ihres würdi=
gen Landsmanns, des Herrn Prof. Sulzers,
ſeine mir ſo beſonders angenehm, daß ich nicht
umhin gekonnt, noch vor wenigen Tagen ihm zu
ſchreiben, und meine gerechte Hochachtung zu er=
kennen zu geben, dabei ich denn nicht vergeſſen
habe, ihm mein Verlangen nach ſeinen „philo=
ſophiſchen Geſprächen‟ zu entdeken.

Ein eben ſo groſſes Verlangen habe ich nach
den übrigen Theilen Ihres „Opiz.‟ Sie haben
ihn gegen Trillern ſo wohl gerettet und ver=
theidiget, daß ſie mehr als ſonſt verbunden ſind,
in dem Vorhaben, uns eine richtigere Ausgabe
davon zu überliefern, nicht zu ermüden. Sie
werden nicht nur in der Göttingiſchen gelehrten
Zeitung des Marquis de la Cerre „Théatre de l'univers‟
nach Verdienſt beurtheilt gefunden haben, ſon=
dern auch im Hamburgiſchen Korreſpondenten,
allwo inſonderheit die hohen Lobſprüche, womit
er von deutſchen Dichtern nur den Doktor Tril=
ler herausgeſtrichen hat, auf eine Art unter=

sucht werden, welche diesem recht empfindlich seyn
muß.

Der versprochenen „Probe von der deutschen
Poesie aus dem schwäbischen Jahrhundert," dessen
sen Sprache gewiſſe Kunſtrichter in Leipzig schwerz
lich sattsam kennen noch errathen werden, sehen
ich und meine hiesigen Freunde, so wie Ihrem
„Opiz," mit Ungedult entgegen.

Alle Nachrichten, die ich aus Leipzig erhal=
ten, vermehren meine gute Hofnung von dem
redlichen und sinnreichen Bauernsohne, und rüh=
men mir seinen Fleiß, seine Einsicht und seine
Klugheit im Haushalten. Er verfährt darinnen
nach der guten Anweisung und Sorgfalt des
Herrn Steuerrevisors Rabener, der Ihnen
aus den „neuen Beiträgen" bekannt. in der sa=
tirischen Schreibart ein Swift, und übrigens
einer der rechtschaffensten Männer ist. Fuchs
hat mir mit allen Ausdrüken einer festgewurzel=
zelten Dankbarkeit Ihre Milde und Höflichkeit

angerühmt, und ich nehme ein nicht geringes
Antheil an seiner schuldigen Erkenntlichkeit. Er
gehört zu den so wenigen Leuten, auf die der=
gleichen Gutthaten unbereut verwandt werden und
fruchtbar sind. Einem andern, der mit ihm nur
den Taufnamen gemein hat, sind auf meine
Vorsprache recht ungewöhnliche Gutheiten wider=
fahren: Der Bube aber hat mich dafür bestohlen
und verläumdet. Dafür trägt er auch mit Recht
rothe Haare bis auf den heutigen Tag.

Eben itzt erhalte ich ein Schreiben vom Hrn.
Gisete. Er gehet von Leipzig über Hamburg
nach Hannover, die Erziehung der Kinder des
Herrn Geheimjustizraths Strube daselbst über
sich zu nehmen. Vermuthlich vernehme ich noch
vieles von ihm, das ich schriftlich nicht erfahren
habe. Ich wollte, daß junge Leute, die durch
so besondere Fähigkeiten, und so edle Neigungen,
als er besitzt, von Andern sich so sehr unter=
scheiden, nicht die mancipia domestica vermehren
müßten.

Die geneigte Meinung, welche Sie über den
„Meßias" des Herrn Klopstok's äußern,
bekräftigt mich in der meinigen. Sie haben
Recht, indem sie sagen, es sey eben so arg,
für einen Kezer angeschwärzt zu werden, als für
einen Zauberer. Solte K. nicht Gefahr lauffen,
der Zauberkunst angeklagt zu werden, so lasse ich
noch sehr dahin gestellt seyn, ob sein Gedicht ihn
nicht einer Kezerei verdächtig machen kann. Er
und jeder Kezer incedit per ignes suppositos cineri
doloso. Ich werde nun wohl hören, wie weit er
mit seinem Gedichte gekommen ist. Dreier will
„Augustini soliloquia" in deutschen Versen herausgeben, die ein so geringes Zeichen seiner Heiligkeit sind, als die „geistlichen Gedichte des
Rousseau" dieses Dichters Andacht beweisen.
Jenen könnte man nicht unfüglich mit dem Ko-
chester vergleichen. Des Camillo Silve-
stri „Juvenal" hat mich recht erfreuet; aber den
„Lettere critiche &c." fehlt es an Salz und an
der Bündigkeit, dem Leben und der Mannigfaltigkeit der guten Schreibart, welche den „Spet-

tator" und die "Maler der Sitten" für mich
nie werden veralten laſſen. Ihre Anmerkungen
über den "Tincolern" und Nachrichten von dem
Trauerſpiele "Demodice" ſind mir ſehr angenehm
geweſen, und der Herr Behrmann iſt mit
Ihrem Schreiben höchſt zufrieden. Noch weis
ich nicht, von welcher Beſchaffenheit die Erinnerungen ſind, welche Ihm über ſeine "Horazier"
gemacht worden ſind: ich werde ſie aber zu leſen bekommen. In der dramatiſchen Poeſie, in
der Kenntnis der Schaubühne, und im Nachden-
ken bei der langen Erfahrung, welche er hierinnen hat, traue ich ihm vieles zu, da er nimmer mit der bloſſen theoretiſchen Kenntnis zufrieden geweſen iſt, ſondern alle unſre Roſ-
cios zu Rathe ziehet, um nicht nur für die
Leſer ſeiner Trauerſpiele, ſondern auch für die
Zuſchauer zu ſchreiben, und gefälliger zu ſeyn,
als la Menardiere mit ſeiner kunſtrichtigen
"Alinde," und ſelbſt d'Aubignac mit der ſo
regelmäſſigen "Zenobie." Iſt etwas, das ihn in
einen Fehler verfallen laſſen könnte, ſo wäre es

seine zu groſſe Furcht, Fehler zu begehen. So
ungleich iſt er den eiligen und ungerathenen Tra=
gödienſchreibern, die in der deutſchen Schaubühne
vorkommen, welche auch nicht einmal den Reiß
der billigſten und von ten Vorurtheilen ihrer
Nazion leereſten Franzoſen verdient. Iſt dieſer
etwas weitgedehnte Ausdruk anſtöſſig, ſo ſage
ich doch damit, was ich meine, und künſtle nicht,
wann ich an einen ſo wehrten Freund ſchreibe.

Wäre ich ohne Amt und ohne Frau, und
könnte ich dann erlaubterweiſe meinen Trieben
ihre Freiheit geſtatten, ich würde eine Reiſe vor=
nehmen, die gewis mich auch an die Limmat
bringen ſollte. Die Hofnung, Sie in Zürich zu
überraſchen, würde mir die langen Wege ange=
nehm machen, und meine Freude, Sie zu ſehen,
Sie endlich zu umarmen, mir empfindlicher,
ſchöner, unvergeßlicher ſeyn, als die gemeinen
Freuden, womit andere ſich zu befriedigen wiſ=
ſen. Sie können nach Ihrem Schreiben vom
12ten Sept. 1747. nicht ſehnlicher wünſchen als

ich, daß wir nicht durch so viele Berge und ebene Felder getrennt seyn möchten. Wir wür= den gewiß oft von den Werken des Wizes, doch auch nicht zu selten von andern Materien mit= einander sprechen.

Ich zweifle nicht, daß diese Messe mir eine Antwort auf mein Leztes, welchem ich den „neuen Adamp" beigelegt hatte, liefern, und daß ich darinnen von Ihrem Wohlbefinden die erwünschte Nachricht finden werde. Vielleicht habe ich Ge= legenheit, in wenig Tagen noch einmal an Sie zu schreiben.

F. v. Hagedorn.

Ihr angenehmes Schreiben vom 11ten Sept.
1748. habe ich den 21ſten Oct. das vom 21ſten
Sept. den 10ten Jan. und das vom 20ſten Febr.
den 22ſten März richtig empfangen. Die über=
ſandten Proben der alten ſchwäbiſchen Poeſie ſind
dem Herrn Renner und mir ein ſehr verbind=
liches Geſchenk geweſen. Ihn hat der Geiſt der
Minneſinger ſo gerührt, daß er in einem kleinen
hiebei gehenden Gedichte Ihre und des Herrn
Kanonikus Breitingers Bemühungen und
Verdienſte um jene Dichter, wodurch Sie in glei=
chem Maſſe ſich die Vor = und Nachwelt verbin=
den, in der Sprache des dreizehenten Jahrhun=
derts beſungen hat. Vor wenig Tagen ward
mir die Nachricht von dem Gedichte zugeſtellt,
das Herzogs Otten von Baiern und ſeiner Ge=
mahlinn Hofdichter, Rheinbott von Doren,
vermuthlich ums Jahr 1247 = 50. dem heil. Rit=
ter Georg zu Ehren verfertigt hat, und der

Herr Sekretar Möſer in Oſnabrük dem Druke
überlaſſen wird , wozu Ihr Beiſpiel ihn aufge-
muntert. Dieſes Avertiſſement würde ich beilegen,
wenn nicht auch in Zürich Pränumerazionen darauf angenommen würden.

Sie mögten, wie Sie mir ſchreiben, gerne
wiſſen, wie in der Art zu denken , im Silben-
maſſe und ſonſt, der alte Chaucer den alle-
manniſchen Dichtern ähnlich oder unähnlich iſt. Zu
dem Ende ſende ich hiebei , was ich von Chaucer beſize. Die Noten unter dem Text ſind
einem Wortforſcher - die nüzlichſten , obgleich in
dem Anhange auch ſolche Erklärungen vorkommen : wie denn, der Geiſtlichkeit zum Troſte,
a Parſon, qu. magna perſona iſt: p. 376.
Girl wird vom lateiniſchen Garrula hergeleitet,
p. 382. u. ſ. w. Urr hat den Chaucer
in einem ſtarken Folianten herausgegeben , oder
herauszugeben angefangen , iſt aber eher verſtorben, als er ſein gedruktes Gloſſarium über
dieſen Dichter recht zu Stande gebracht. Ob-

gleich er insonderheit angelsächsische Worte, auß-
ser den vielen ursprünglich französischen enthält,
so kann er doch einem Kenner des Allemannischen
gewiß nicht ganz überflüßig seyn.

Wegen des alten Romans von Gamuret
und Parcival und des unglüklichen Klin-
sors habe ich an den Herrn Professor Kästner in Leipzig geschrieben, welcher seiner Antwort vom 17ten März das beigelegt, was ich
izo meinen Einschlüssen gleichfalls hinzufüge. Ich
hatte ihm, meinen Auftrag besser auszurichten,
die dahin gehörige Stelle aus Ihrem Briefe ab-
geschrieben, und mit gleicher Aufmerksamkeit
gebe ich Ihnen hiemit aus dem Kästnerischen
Schreiben dieses zu lesen: „Hat Herr Professor
Bodmer noch mehr Nachrichten von dieser Art
nöthig, so werde ich dazu bereitwillig seyn, ob
ich gleich sonst, weil doch kein Virgil aus
mir wird, unsre Ennios eben nicht lese.“
Ich erinnere mich, daß der Herr Kästner es
niemals zu begreifen gewußt, wie man Ihnen

12

den Verdacht beibringen können, daß zu den Zeiten der „Belustigungen" a l l e Arbeiter an denselben Anbeter vom Verfasser der „Parißschen Bluthochzeit" wären.

Was die Kommißion nach Braunschweig anbetrift, so hat unser braver Herr Rektor Müller, den ich von dem großen Haufen der Rektoren mit Recht sehr unterscheide, mir die Gefälligkeit erwiesen, darüber zweimal an Herrn geheimen Justizrath Burkhard zu schreiben. Der erste Brief ist nicht an ihn gelangt, und auf den zweiten ist die Antwort erfolgt, welche ich auch anschließe. Wollen Sie, so bald Sie dieses empfangen, mir weitere Fragen bestimmen und zukommen laßen, so sollen solche, in Ihren eigenen Ausdrüken, nach Wolfenbüttel oder Leipzig kommen, und ich habe alsdann das Vergnügen, sogleich, oder mit Meßgelegenheit, (wie Sie mir es vorschrieben,) von den einlaufenden Antworten Ihnen Nachricht zu geben. Des Herrn geheimen Justizraths Bruder ist der

Bibliothekarius, hat sich aber am Staar stechen
lassen, und empfindet noch immer große Augen=
schmerzen, die ihm in seinem Amte sehr be=
schwerlich fallen. Würde es Ihnen nicht, aus
mehr als einer Ursache, angenehm seyn, mit
beiden, dem Herrn Käftner und dem Herrn
Burkhard in Korrespondenz zu stehen? Ich
nehme auf mich, die Briefe zu besorgen. Ich
habe vor einigen Tagen an den Herrn Pastor
Lange, der mir schon lange eine Antwort und
die Reise nach Gaß schuldig ist, geschrieben,
und insonderheit um das Manuskript ersucht,
zugleich aber mir einige Nachricht vom Herrn
von Kleift, Gleimen und seinen andern
Freunden ausgebetten. Daß er den „Geselligen“
schreibt, wird Ihnen wohl bekannt seyn. Im
siebenzigsten Stüke findet man „Leben und Tha=
ten der Gänse,“ eine sinnreche Ironie. Von
dem Kampfe und Siegsrufe der Gänse sagt er
S. 578. „Bei dem Triumphgeschrei unterschei=
den sich einige aus dem Haufen, und geben sich
durch ihre fremden Worte, stärkere Stimen und

andere Töne, als Pindare, Horaz, oder
auch Gottschede kund, die die rühmlichen
Thaten des Oberhaupts besingen" zc.

In dem „Druiden" des Herrn Suerro habe
ich recht schöne Stüke gefunden. Alle habe ich
noch nicht gesehen. Den „Peier" lasse ich
verschreiben. Ich bin recht begierig, seine Sa=
tiren zu lesen. Der Karakter, welchen Sie ihm
geben, gründet sich auf eine heilsame Erinnerung
des Horaz, und nimmt mich gegen seine Ge=
dichte ein:

Inter quæ verbum emicuit si forte decorum,
Si versus paulo concinnior unus & alter;
Injuste totum ducit venditque poëma.

Das Urtheil, das im 13ten Stük der Göt=
tingischen Zeitung, S. 101. von ihm gefällt
wird, macht zwar den Herrn Peier nicht zum
vollkommenen Dichter: doch verräth man daraus
eben nicht die Armuth am Geiste, die er

doch wohl haben mag: denn ich verlasse mich auf
Ihren richtigen Geschmak, und muthmaße, der
Herr Haller habe des Dichters schonen, und
durch einen öffentlichen Ausspruch ihn nicht zu
sehr kränken wollen. Die Gedichte des Herrn
Professor Spreng habe ich nicht gelesen. Man
sagt auch hier, sie enthalten wohlgemeinte Kan‌
zelgedanken, ohne sonderliche Kraft. Ich bin
Ihnen ungemein verbunden, daß Sie mir die
französische Uebersezung aus dem Meßias zuge=
sandt haben. Sie ist sehr wohl gerathen. Ich
habe kein Bedenken getragen, an den zärtlichen
Klopstok zu schreiben, und ihm die Freude
gemacht, von der Achtung, welche Sie für ihn
hegen, ihm die angenehme Versicherung zu ge=
ben. Er selbst ist ―

― ― Einer
Von den Unsterblichen, welche der Nachwelt ihre Geschäfte
Heiligen, und von Enkel zu Enkel unsterblicher werden.
Oft bleibt ihr Ruhm nicht auf Erden allein. Unbe‌
gränzter und ewig
Geht er von einem Gestirne zum andern.

Ich kenne sein gutes Vertrauen gegen mich, und also habe ich ihn ersucht, mir seine Umstände zu melden, und zugleich zu entdecken, welche Anlage er zu einem bessern Stücke macht, obwohl ich glaube, quod nunc haud vivat siliquis & pane secundo. Ueberhaupt wird Langensalza mir als ein angenehmer Aufenthalt beschrieben, wo viel gute Lebensart und wohlbemittelte Kenner der Verdienste anzutreffen sind. Offenbaret er sich mir mit der wahrhaften und vollkommenen Zuversicht, womit ich ihn darum gebeten habe: so bin ich zwar nicht im Stande, ihm vieles zu verheißen, werde aber auf Gelegenheiten bedacht seyn, ihm nüzlich zu werden. Noch weiß ich sogar nicht, ob er ein Jurist oder Theologe ist, halte ihn aber für einen künftigen Homileten. Mit dem „Messias" wird er bei Verlegern wenig wuchern können, und ist schon glücklich, wenn er nicht bei Ihnen verliert. Dieses ist ein fast allgemeines Schiksal der Skribenten:

What Authors lose, their Booksellers have won;
So Pimps grow rich, while Gallants are un done.

Für Engländer müßte, wie ich glaube, das
Gedicht ganz, oder gar nicht, übersezt werden.
Es ist von zu grossem Umfange und zu reichli=
chem Innhalt, um den Geschmak einer Nazion
zu reizen, die ein so ausgeführtes dichterisches
Gebäude von der Grösse des „Miltons‟ vor
sich hat, und, nach ihren stolzen Vorurtheilen
wider uns, höchstens einzele Schönheiten in ei=
nem solchen Dichter zwar erkennen, zugleich aber
auf die zweifelhafte Frage fallen würde, ob er
auch in der Ausbildung des Ganzen so glüklich
sey, oder

Infelix operis summa, quia ponere totum
Nescit?

Ein Franzose würde, weil es seinen Lands=
leuten an einem „Milton‟ fehlt, und weil
dieser von jenen nicht so sehr verehrt wird, viel=
leicht günstiger vom „Messias‟ urtheilen, wenn
er ihn zum Theil aus der „Bibliotheque raisonnée‟
kennen lernte.

Sind Ihnen die moralischen Gedichte des

ſtel. Zerniz bekannt? Sie ſind mit ſeinen
Schäfergedichten hier herausgekommen, und lei-
der mit groben Drukfehlern.   Seine „Gedanken
von den Endzweken der Welt, von der Natur
und Kunſt in Schäfergedichten, der Menſch in
Abſicht auf die Selbſterkenntnis ꝛc.“ verdienen
auch von einem Bodmer geleſen zu werden,
und es iſt für die Ehre der deutſchen Dichtkunſt
ein weſentlicher Verluſt, daß er ſo frühzeitig
verſtorben iſt. Er hat nicht nur geſchrieben, ſondern auch gedacht: „quod & hunc in annum vivat
& plures.“

Ohne günſtige oder widrige Geſinnungen von
des Herrn Gottſcheds „Grundlegung der
deutſchen Sprachkunſt“ zu urtheilen: ſo iſt un-
widerleglich, was das ſechste Stük der „freimüthigen Nachrichten“ dagegen erinnert hat,
und ich hätte mir von dem Verfaſſer, auch
wenn er nicht vier und zwanzig Jahre darauf
gewandt hätte, ein weit vollkommeneres und zu-
verläſſigeres Werk verſprochen. „Grammatico nihil

infelicius." Ich gedenke keine Sprachregeln zu
schreiben, und habe niemals einen Beruf gespürt,
dazu mich besonders fähig zu machen; aber: das
verhindert mich nicht, der vielen Widersprüche
und Unrichtigkeiten mit Verdruß gewahr zu werden, die in diesem Werke vorkommen, das nach
einem lateinischen Kompendium oder dem Donat
abgefaßt zu seyn scheint, und die deutsche Wohl-
redenheit in unerträgliche Fesseln zwingt. Vielleicht irre ich eben nicht, wann ich glaube, des
Abbé Girard „Vrais principes de la langue françoise
ou la parole reduite en méthode" könne auch darinn, daß er ein Syftem seiner Sprache darstellt,
„tel qu'il s'eft fait voir quand on a levé le voile de
la latinité, fous lequel il étoit caché & enseveli ou
du moins obscurée & defiguré," allen zum Muster
dienen, die Grundsäze lebendiger Sprachen mit
mehrerem Nuzen, als gemeiniglich geschehen ist,
entwerfen und geltend machen wollen.

Ich bin recht begierig, die „neuen kritischen
Briefe" und das erste Stük der „neuesten Aus-

gabe vermischter Schriften" zu sehen, in welchen
der Herr Schultheiß meine "schriftmässigen
Betrachtungen über einige Eigenschaften Gottes"
mit seinen schäzbaren Erklärungen beehrt hat.
Weil wir Poeten eine erkenntliche Zunft sind,
so kan ich nicht umhin, zu einer kleinen Bezeu-
gung meiner Dankbarkeit, ihm Eines von den
beigehenden drei Exemplaren meines "Gedichts
von der Freundschaft" zu bestimmen, welches zu
überreichen, und ihn meiner beständigen Hochachtung bestens zu versichern bitte. Schwachen nicht
ärgerlich zu seyn, habe ich, als diese Ode ge-
pruft ward, mir nicht erlaubt, S. 36. zu dem
Gleichnisse aus dem 31sten Kapitel des "Je-
saias," das ihm so ähnliche aus dem 16ten
Buche der "Ilias", V. 61:70. in einer An-
merkung anzuführen. Ich würde einigen Eubagen, denen vom Homer wenigstens dieses bekannt ist, daß er ein Heide gewesen, mißfallen
haben. Sie werden die (allem Ansehen nach von
dem Herrn Rabener, einem halben Ulfo,
verfertigte) "Nachricht von dem Zustande der

Druiden und Barden, unter Occo dem andern,“
aus dem lezten Stüke der „Beiträge,“ und folglich auch die „Eubagen“ kennen.

Ich weis, warum ich der Meinung bin;
in uno annulo bonos principes poſſe perſcribi atque
depingi, und Sie werden Spuren dieſer lekten
Vorurtheile in dem Gedichte „von der Freundſchaft“ wahrnehmen, welches ich Ihnen hiemit
zufertige. Ein Exemplar iſt, nebſt meinem er-
gebenen Empfehl, für Ihren würdigen Freund
Philocles; Sie ſehen, wie geſchwäzig ich an
Sie ſchreibe, ohne Vorenthaltung eines einzigen
Gedankens, der mir an dieſem mir ungewöhnlich
ſchreibſüchtigen Tage einfällt. Ich wage dieſes
deſto zuverſichtlicher, da Sie mir ein neues
Kennzeichen Ihrer Sorgfalt und Zuverläſſigkeit
gegeben, indem Sie die „Sonnets muſqués“ nicht
bekannt werden laſſen. Bald getraue ich mir,
den ſcherzhaften Freund zu errathen, der dieſe
zu jugendliche Erzählung allegoriſch und ſo ſinn-
reich erklärt hat. Wann wird die Tragödie,

„Grisler, ou l'Helvetie delivrée," fertig seyn und herauskommen? Hat der Verfasser des „Antima= chiavels" dem braven Henzi keine Pension oder etwas königlicheres, als den allergnädigsten Bei= fall, zugewandt? Auch dieser gereicht zu einem nicht geringen Vorzug: aber eine Pension ist der überzeuglichste Beweis, daß man reichen Monar= chen nicht wenig gefallen hat.

Mir würde es lieb gewesen seyn, den „Ver= ulzaci" und die andern italienischen Werke zu er= halten, wovon ich aber den „Trissino," den mir „Gravina" anpreiset, ausnehme, da Sie mir da= von ganz andere Begriffe machen. Ich weis aus mehrmaliger Erfahrung, daß es so gar leicht nicht ist, von den Sosiis, wenn man nicht auf einmal viel verschreibt, recht bedient zu werden. Ich sehe schon, meiner Ungedult zu lange, nach einigen englischen Werken aus, und ich würde nicht ermangeln, so bald es mir möglich seyn wird, Ihnen davon etwas zuzusenden. Das lezte dramatische Werk des Thomson ist sein „Co=

riolanu $,$" der unvergleichlich ſeyn ſoll. Haben Sie. den „Catilina" des Crebillon
geleſen? Was hat das „Journal Helvetique" für
Verfaſſer? Darf ich den Namen des Ueberſezers
des „Meſſias" nicht wiſſen? Ich weiß nicht zu
einer Berniſchen Wochenſchrift, deren Titel mir
entfallen iſt, zu gelangen. Sie hat den Herrn
Haller zum Verfaſſer, und daher möchte ich
ſie gerne leſen, weil ich verſichert bin, er habe
niemals, ſo wenig als izo, etwas mittelmäſſiges
ſchreiben können.

Was der ſeel. Bürgermeiſter Anderſon
mit faſt unglaublichem Fleiſſe von alten deut=
ſchen Worten erflärt hat, iſt noch nicht in's
Reine geſchrieben, noch in Ordnung. gebracht.
Sein einziger Sohn iſt Sekretarius der Stadt
Hamburg, und alſo, ſeiner häufigen Geſchäfte
wegen, nicht im Stande, es gehörig an's Licht
zu ſtellen.

Unſer Herr Behrmann iſt mit ſeinen Ar=

heiten so wenig selbst zufrieden , auch sonst ein
so billiger Mann, daß er die „kritischen Betrachtungen des Herrn Schultheissens" sehr wohl
aufgenommen hat , und , wie er mich versichert,
ihm dafür verbunden ist. Herr Baron von
Bar macht durch mich Ihnen sein ergebenes
Kompliment , welchem ich das meinige an den
Herrn Kanonikus Breitinger hinzufüge , so
mißvergnügt ich auch mit ihm bin , daß er den
„Opiz" unverantwortlich liegen läßt.

F. v. Hagedorn.

Leipzig im Maimonate 1749.

Sie werden sich einen schlechten Begriff von meiner Dienstfertigkeit machen; und ich bin beschämt, daß ich mich entschuldigen muß, so gut auch meine Entschuldigungen sind. Ich lasse mir von dem Bibliothekar, Herrn Doktor Jöchern, etlichemal den „Gamuret" und „Parcival" ausbitten, und bekomme allemal die Antwort, daß das Buch verlehnet wäre. Endlich gehe ich zu Herrn Prof. Kästnern und ersuche ihn, weil er mit Doktor Jöchern bekannter ist, mir das Buch zu verschaffen, oder nur zu hören, was er hätte.

Kurz, ich erfahre, daß er und Herr Prof. Gottsched es gehabt, und daß mir Herr Kästner selbst auf das Ansuchen des Herrn von Hagedorn in der Gelegenheit Ihnen zu dienen vorgegriffen hat. Nunmehr will ich meine kleine Schande gern ertragen, denn ich bin überzeugt, daß Ihnen die Nachricht des Herrn Prof.

Käſtners nuzbarer ſeyn wird, als meine geweſen
ſeyn würde.

Wegen der Handſchrift, aus welcher Opiz
den „Lobgeſang auf den Erzbiſchof Anno“ genom=
men, habe ich an Herrn Strauben nach Breslau *) geſchrieben; allein er iſt ein ſo unfleiſſiger
Korreſpondent, daß ich ſeit der Michaelismeſſe
keine Zeile von ihm geſehen habe. Doch ich will
nicht auf ihn ſchmälen. Vielleicht hat er ſich das
Vergnügen gemacht, Ihnen die erlangte Nach=
richt ſelbſt zu überſchreiben, ohne ſich erſt wieder
an mich zu wenden. Wenigſtens will ich's zu
meiner Ruhe wünſchen.

Für den Beifall, mit welchem Sie in Ihrem
Briefe meine Schriften beehren, danke ich Ihnen
mit der aufrichtigſten Ergebenheit, und freue
mich mit Ihnen über die Ehre, welche der Ver=

---

*) Sie iſt nicht in Danzig und nicht in Breslau zu
ſuchen.

faſſer des „Meſſias“ unſrer Nazion macht. Er
hat mir ſchon in der Michaeismeſſe das vierte
fünfte und ſechste Buch zugeſchikt, und ich habe
überall den groſſen Verfaſſer der erſten Bücher
angetroffen.

Izt warte ich mit Ungeduld ihn dieſe Meſſe
auf einige Tage zu ſehen und mich auf ganze
Jahre mit ihm ſatt zu reden.

Er hat mir verſchiedenes von Ihrer groß-
müthigen Vorſorge für ihn gemeldet und ich
müßte ſein Freund nicht ſeyn, wenn ich dieſes
erwähnen könnte, ohne Ihnen von Herzen dafür
zu danken. Die Proben der „alten ſchwäbiſchen
Poeſie“ haben gemacht, daß ich heimlich wünſche,
daß das ganze Werk in den Händen, wo es izt
iſt, bleiben maa, anſtatt, daß Sie gütig genug
ſind, die Auffſchrift des „pariſiſchen Codex“ einem Gelehrten ohne Entgeld überlaſſen zu wollen.
Ich für meine Perſon bin izt mit tragen und
traurigen Verrichtungen beſchäftigt. Ich unter-

richte einen französischen Kavalier, einen englischen Mylord und einen polnischen von Adel in
der deutschen Sprache und ich würde ohne Trost,
bei dieser Arbeit und bei dem Verluste der Zeit
seyn, wenn ich nicht Gelegenheit hätte mich dadurch zu belohnen, daß ich einigen Ausländern
unsre guten deutschen Schriften bekannt machen
kann. Der Herr von Straumieu, welcher
auf Kosten seines Königs hier ist, um deutsch zu
lernen, und diese Messe wieder nach Paris gehen
wird, hat nicht allein fast das Beste von unsern
Schriften gelesen, sondern sich's auch gekauft,
und ich selbst habe ein Theil von meinem Lehrgel-
de angewandt, um ihn damit zu versorgen.

Er findet Geschmak an dem deutschen Wize,
und will uns seine beiden Brüder bald auch her-
ausschiken. O wenn wir doch gleich in jeder Art
Meisterstüke hätten, damit die Ausländer alle
unsre Sprache lernen müßten.

C. F. Gellert.

Briefe an Bodmer.

Zwote Abtheilung.

G 2

Nehmen Sie mir's doch nicht übel, daß ich Ihnen „Klopstoks Briefe und Oden" so spät wieder zurükschike. Ich hatte zu wiederholter ruhiger Durchlesung der „Briefe" und zu Ab= schreibung der „Oden" einige einsame Stunden nöthig, die ich dieser Tagen unter mancherlei Unruhen nicht zu erhalten gewußt. Sie können aber doch sicher seyn, daß ich während dieser Zeit diese mir anvertraute kostbare freundschaftliche Geheimnisse so heilig gehalten und so treu damit umgegangen bin, wie sie es werth sind, und wie es Ihr mir dadurch bescheintes Zutrauen erfor= dert hat.

Wie lieb ist mir aber jetzt der theure Klop= stok worden, der mir schon vorher so unver= gleichlich lieb war! Je besser ich ihn auf allen Seiten kennen lerne, je mehr muß ich ihn be=

wundern und lieben. Wie seine heilige Dichtkunst, so auch seine edle Freundschaft, seine redliche Tugend, seine erhabene Großmuth, seine
zärtlichen Liebesschmerzen selbst, kurz alles was
ich izt von ihm weiß, macht mir ihn im höchsten
Grade liebens = und verehrungswürdig. Wie
glüklich werden sie mich machen, mein theuer ge-
schazter Freund! wenn Sie mir diesen allerliebsten
gebenedeiten Mann bald zum Freunde machen
können! Es kan nicht anders seyn, er muß mein
Freund werden, wenn er mit Grund hoffen will,
in seiner Liebe glüklich zu seyn. Entweder müßte
die Platonische Liebe, von welcher Sie in ihren
„kritischen Briefen“ so schön schreiben und singen,
eine Schimare seyn, oder ich habe so rechtmässige
Ansprache an Klopstoks Freundschaft, als er
an die Liebe seiner unvergleichlichen Fanny:
denn ich bin in alle seine edlen Gemüthseigenschaften und freundschaftlichen Tugenden beinahe eben
so schmerzlich verliebt, als er in die ganze Person seiner glüklichen Freundin. Schreiben Sie
ihm, wenn er mich nicht zum Freunde annehmen

wolle, so wolle ich noch lernen, zärtliche Oden
und Elegieen machen, und alsdann um seine
Freundschaft so kläglich thun, daß sich die ganze
Nachwelt für mein freundschaftliches Herz eben
so, wie für seine Liebe interessiren müsse.

Haben Sie wohl diesem herrlichen Dichter
schon geschrieben, daß er eilen solle, die 3. Gesänge seines Messias mit noch einem oder zwei
neuen, oder doch mit einigen Oden begleitet,
besonders herauszugeben? Wenn Sie es thun,
so vergessen Sie doch nicht zu begehren, daß in
der neuen Ausgabe die Verse zu 5. und 5. nu-
meriret werden. Sie sehen, daß dieser kleine
Umstand um des Citirens willen für das künftige
unentbehrlich seyn wird.

Meines Bedenkens wäre es auch gut, wenn
der Dichter selbst einem jeden Gesang richtige
und ausführliche Summarien voransezte. Dieses
würde zu besserem Verstand des Gedichtes für die
meisten Leser nüzlicher seyn als alle Rezensionen,
die noch bisher gemacht worden sind.

Nun follte ich Ihnen auch' noch einmal dan=
ken für die Ehre; die Sie mir durch den' Druk
der „zufälligen Gedanken" und der bewußten Re=
cenfion erwiefen und für die Bemühung, die Sie
mit diefen kleinen Dingerchen gehabt haben. Ich
hätte aber, die Wahrheit zu fagen, beffer Luft
mit Ihnen zu zanken, daß Sie mir diefe meine
lieben Erftlinge juft an denen Orten geftümmelt
haben, wo ich es am wenigften gerne gefehen
habe. Ich kann doch nicht errathen, was gewiffe
unfchuldige Beiwörter gefündiget haben, daß Sie
fie nur da nicht haben leiden mögen, wo fie Ih=
nen von Ihnen felbft die Wahrheit fagten: da
man doch alle diefelben alle Gelehrten gegen ein=
ander ohne allen Tadel fo verfchwenderifch ge=
brauchen läßt, an Orten, wo fie nicht halb fo
viel oder gar keine Wahrheit haben. Wenn es
diefer Misbrauch ift, der bei Ihnen einen Ekel
an folchen Beiwörtern verurfachet, fo habe ich
nichts damider. Ift es aber Befcheidenheit, fo
halte ich die zwar an fich felbft hoch; ich kann
mich aber doch nicht enthalten zu fagen, daß Sie

mich für diesesmal beinahe eben so zu weit ge=
trieben dünkt wie des grossen Hallers Ver=
achtung seiner eigenen Verse.

Vielleicht aber bin ich jezo auch nur darum
so böse darüber, weil es meine allerliebsten Bei=
wörter anbetrift; denn ich halte ohnedem sehr
viel auf die Beiwörter, und würde mir in mei=
ner Schreibart alles lieber, als meine Beiwörter
tadeln lassen. Sie sehen also wohl, daß Sie
mich an einem empfindlichen Orte angegriffen ha=
ben: ich kann es Ihnen aber für dismal desto
eher zu gut halten, weil Sie diesen Fehler mit
Ihrer eigenen Mühe, die Sie an meine Kleinig=
keiten gewendet, schon wieder haben gut machen
müssen.

Bei Anlaß der Beiwörter muß ich doch um
Erlaubnis bitten, auch noch dieses zu sagen, daß
in den „zufälligen Gedanken“ S. 38. Z. 17.
eines steht, welches ich im Manuskript entweder
anders gesezt oder so unglüklich gesezt, daß es

meinen rechten Gedanken nicht ausgedrükt: an=
statt das jezt noch gehofte sollte stehen hof=
fenden Mitleiden, d. i. welches laut Z.
37. dem Leser noch Hofnung übrig läßt, daß
Abbadonna von seiner Verzweiflung sich wie=
der erholen werde. Deutlicher zu reden, müßte
es heißen: daß jezt noch mit Hofnung
begleitete Mitleiden.

Doch ich bemühe Sie zu viel mit kleinen
Dingen. Nehmen Sie mir diese Schwazhaftig=
keit nicht übel.

Das ist meine natürliche Schwachheit, so bald
ich anfange in Briefen freundschaftlich zu thun.
Doch bei wichtigen Anlässen werde ich künftig
auch nicht ermanglen, Ihrer mir überaus wichti=
gen Freundschaft mich auch von den bessern Sei=
ten her würdig zu machen, als es mir immer
möglich seyn wird.

Gerade jezt fällt mir noch etwas wichtiges

bei, darüber ich Sie bitte, mir mit guter Gee.
legenheit Ihre Gedanken zu eröfnen. In den
„kritischen Briefen" sagt Eubulus an einem
Orte, es wäre eine ungereimte Frage, wenn
man von jemanden gerade zu wissen wollte, was
das Erhabene sei. Dieses hat mich auf den
Einfall gebracht ob es gleichwohl nicht wie
höchst nüzlich, also auch wohl möglich wäre, den
Begriff des Erhabenen, wenigstens in der
Dichtkunst in einer eben so deutlichen und be-
stimmten Definition zu erklären, wie die Defini-
tionen des Neuen, des Wunderbaren u. s. w.
in Ihren und Herrn Breitingers Schriften
sind? Oder ist etwa eine solche Definition irgend-
wo schon vorhanden, die vielleicht nur mir nicht
bekannt ist? Oder, wenn das nicht ist, was mag
wohl die Ursache seyn, daß noch keine dergleichen
zum Vorschein gekommen, da man doch schon so
lange und so viel über das Erhabene geschrieben
und gestritten? Wenn es Ihnen gefallen möchte,
mir in diesem Stük ein wenig aus dem Wunder
zu helfen, so könnte ich dann bald sehen, ob

ichs wagen dürfte, Ihnen auch meine schwachen
Gedanken, die mir hierüber seit einiger Zeit im
Kopf herumgehn, ebenfalls zu eröfnen. Doch
auch damit gedenke ich Sie nicht weiter zu be=
mühen, als es Ihnen selbst beliebig seyn wird.

J. G. Heß.

Altstetten den 18. Jun. 1749.

Klopstoks „Briefe" und „Ode" sende ich Ihnen mit dem allergrößten Dank zurük. Der „Ode" Vortreflichkeit und des „Briefes" Anzüglichkeit verdienen bei mir einen solchen Dank. Sie verstehen wohl, daß ich den „Brief" in gutem Verstand anzüglich nenne, fürnehmlich in Absicht auf die Stelle darinn, die mich selbst angeht. Denn das ist für mich etwas sehr einnehmendes, daß mich Klopstok zum Liebling seines „Messias" macht und mir in dieser Absicht eine stärkere Zuneigung zu demselben und mehr Glük bei demselben zuschreibt, als er selber haben kann.

Nun kann es nicht fehlen, ich muß, wenn Sie weiter dazu helfen wollen, mit diesem Dichter in eine genaue Bekanntschaft kommen. Und ich habe gleichwol nicht zu besorgen, daß er mich jemalen um eine Kritik über den „Messias" ansprechen werde. Die Mutter des Mädchens kann

dergleichen von niemand weniger als von dem
Liebling fodern.

Ihre „Kritik über die Karaktere der Teufel
und Apostel" ist freilich, wie Sie sagen, für den
Poeten sogar fürchterlich nicht. Doch könnte es
vielleicht nichts schaden, ihm auch etwas davon
zu schreiben. Es könnte wenigstens für das künf=
tige dazu dienen, daß er uns von denselben bei=
derlei Personen, sonderlich den Aposteln, so oft
sie fürohin zum Vorschein kommen, nichts weiter
als Handlungen zu lesen gäbe, und zwar solche
Handlungen, die in den schon entworfenen Ka=
rakteren allemal ihren guten Grund hätten.

Daraus werden wir dann sehen, warum der
Dichter bisher weiter nichts gesucht als uns mit
diesen Personen auf eine so einnehmende Weise
bekannt zu machen.

Mit Ihnen wünschte ich herzlich, daß Hal=
lers „Kritik" weniger gründlich wäre. Es wäre

immer Schade, nicht so sehr um Hesekiels,
als aber vielmehr um Melchisedeks Bildsäu=
len, wenn Sie aus dem „Messias" müßten aus=
gemerzet werden. Bei Hesekiels Grabmal
thäte allenfalls der Spruch E z. K. 37. v. 10.
auf dem Grabstein gezeichnet beinahe eben so gute
Wirkung, als die Bildsäule, wenn es schon ein
wenig minder poetisch herauskäme.

Aber Melchisedeks Säule im zweiten Ge=
sange wäre unersetzlich. So viel ich weiß, beru=
het hiebei das meiste auf dem Zeugniß des „Jo=
sephus," bei welchem in der That für unsre
Bildsäulen wenig Trost zu finden ist. Jüd. Gesch.
B. 15. Kapitel 8. am Ende und B. 18. Ka=
pitel 3. P. 1. Jüd. Kr. B. 2. Kapitel 9. P.
1. Wieder Ap. B. 2. P. 6. am Ende, scheint
dieser Skribent gar zu decisiv den Juden alle
Bilder der Menschen ohne Unterschied abzuspre=
chen. Gleichwol da in der „evangelischen Histo=
rie" Math. 22, 20. eine klare Ausnahme steht;
so meinen einige auch, Josephus rede nur von

solchen Bildern, die zum Gottesdienst hätten können mißbraucht werden. Zu diesen könnten die,
so in den Gräbern, als an unreinen Orten stünden, wohl nicht gerechnet werden. Dazu kömmt,
daß, wie Ligfot schreibt, die Zierrathen der
Gräber, deren Math. 23. 29. Meldung ge-
schiehet, nach der Meinung einiger Juden selbst
in gewissen prächtigen Strukturen oder Säulen
bestanden. Wenn dieses nicht genug ist, die poetische Wahrscheinlichkeit einiger weniger von Al-
tem her übergebliebener Bildsäulen bei den Gräbern zu rechtfertigen; so weiß ich hernach nicht
besser zu helfen.

Von den Leibern der Heiligen dünkte mich
nach dem Buchstaben des Textes Math. 22.
52, 53. das natürlichste zu sagen: sie seien mit
den Tode Jesu auferstanden, haben sich aber bei
den Gräbern und am Oelberg verweilt, bis nach
seiner Auferstehung. Nach dem „syrischen Doll-
metsch‟ und einigen „Kirchenvätern,‟ sind auch
grosse Gelehrte, als Heinsius, de Dieu, dieser

Meinung. Die Meisten streiten zwar dawider,
sie wissen aber nichts bessers einzuwenden, als daß
sie fragen, was doch so heilige Leute bis an den
dritten Tag auſſer der Stadt und bei den Grä=
bern gethan haben? diese Frage könnte niemand
besser beantworten, als Klopstok. Er könnte
Grunds genug finden, ihnen durch einen Engel
die Ordre zuzustellen, daß sie sich bis nach der
Auferstehung Jesu nicht öffentlich sollen sehen
laſſen. Unterdeſſen dörfte er nur, um sie zu
entreteniren, z. B. die Maria mit Johan=
nes während dem Tod Jesu, um der Traurig=
keit nachzuhängen, um die Gräber herum sich
aufhalten laſſen.

Da könnten Eva und Maria in der Stille
zusammenkommen und einander alles sagen, was
sie zu sagen hatten, welches nach dem, was wir
jezt schon wiſſen, ziemlich weitläufig herauskom=
men wird. Der Poet muß sich nur hüten, daß
er die auferstandenen Heiligen nicht in die Stadt
kommen und auch nicht vielen erscheinen laſſe,

eh die Auferstehung Jesu erfolget. Will er sie
aber lieber überall nicht eher zum Vorschein kommen lassen; so wird er desto wenigerem Tadel
unterworfen seyn.

Ich meinerseits meinte aber doch, der Dich=
ter wäre als Dichter beinahe verbunden, in sol=
chen Fällen von der gemeinsten Meinung der Aus=
leger bisweilen abzuweichen, wenn nur seine Mei=
nung auch wahrscheinlich bleibt, und der Analo=
gia fidei nicht widerstreitet.

Ihr Subskriptionsprojekt, das der Grund=
stein zu Klopstoks Glüke seyn soll, ist für mich
unverbesserlich. Ich bin ohnedem nicht der Mann,
in dergleichen Sachen einen Rath zu geben.

Das beste wäre freilich, wie Sie selbst sa=
gen, wenn ein Mäcenas die Verlagskosten schaf=
fen wollte. Könnten aber nicht in Ermang=
gung dessen einige kleine Mäcenaten zusammen
auch einen Grossen ausmachen? Sie verstehen mich.

Aber dieses in den Stand zu bringen, wer=
den Sie sagen, brauchte allzuviel Zeit und Rath.
Und auf einen grossen Mäcenaten müßte man
vermuthlich auch gar zu lange warten. Also
bleibt nichts übrig, als daß Sie Ihr Projekt
Klopstoken ohne Versäumnis kommuniziren,
und ihm überlassen, zu Ausführung desselben ei=
nen Verleger zu erwählen oder zu suchen. Ist
dieses richtig, so werden Sie hernach wohl so
gut seyn, und das Subskripzionsprogramm auf
Begehren selbst verfertigen, auf Weise und Form,
wie Sie es bei sich selbst schon entworfen haben.
Alsdann wollen wir bald sehen, wo es hinaus
wolle. Eine Probe wird doch auf diese Weise
müssen gemacht werden, wenn wir erfahren wol=
len, ob Klopstofs Glük zu erhalten sei oder
nicht? Wiewohl es mir, die Wahrheit zu geste=
hen, um etwas verdrießlich vorkömmt, daß Fan=
ny Klopstofs Glük immer zum voraus von
andern Seiten her will gemacht haben, welches
sie doch selbst allein am besten machen könnte.

H 2

Wenn ich nicht sicher glaubte, daß andere
Leute als sie hieran Schuld wären, so würde es
mir schwer fallen, über diesen Punkt nichts als
nur das Erhabenste von ihr zu denken.

Aber wie? Muß Klopstok selbst um sein
Glük, daran ihm doch izo so viel gelegen ist,
nichts anders thun als dichten? Ist's Großmut
oder Hinlässigkeit, daß er seinen gefaßten Ent=
schluß, an Glorer oder Glover (wie heißt
er?) zu schreiben, schon wieder ändern will?
Werden Sie ihn nicht einmal mit Ernst dazu an=
halten, daß er diesen Entschluß in's Werk seze?
Ich wollte, daß ich das für ihn thun und noch
mehr thun könnte: denn ich wünsche sein Glük
gewiß so aufrichtig und so heftig, als er es sel=
ber wünscht. Aber was wird ihm und mir damit
geholfen seyn, wenn er's aus übertriebner Groß=
mut und Zärtlichkeit versäumt? Stellen Sie ihm
vor, daß sein Glük das Glük aller seiner redli=
chen Freunde sei; daß er folglich für die alle
arbeite, wenn er sein Glük auf alle rechtmässige

Weise zu befördern sucht. Verhoffentlich wird
ihn die Großmut und Zärtlichkeit selbst von dieser
Seite her stärker antreiben, als sie ihn bisher
von einer andern Seite her gehindert hat.

Die „Ode an Gott" habe ich schon oben
vortreflich genannt, und sie ist's, so viel ich ur=
theilen kann, im höchsten Grade. Darf ich's
aber wohl sagen, daß es mir eben um ihrer Vor=
treflichkeit willen weh gethan hat, daß der Poet
nichts wichtigers von Gott zu erbitten gehabt
hat, als die körperliche Liebe seiner Fanny:
denn darum ist's ihm doch eigentlich zu thun.

Ich fodre wohl nicht, daß der verliebte Dich=
ter über diesen Punkt iezo eben so denken solle,
wie ich; aber nach meinem Begriff ist und bleibt
dieser Innhalt für eine so gar erhabene Ode,
für ein so hohes göttliches Lied zu gering. Pe=
trarch hätte wohl eh' eine solche Ode an Gott
über den Tod seiner Laura schreiben können:
denn da war es die rechte Zeit von jener erha=

benen unförperlichen Schönheit und Liebe zu fin=
gen:

„Die nur ein Weifer fühlt, der sich zum Himmel schwinget,
Von der die weibliche ein bloffer Ausfluß ist.“

Was ich Freitags um des „Messias“ willen
erlitten habe, waren freilich nur kleine Erstlinge.
Es wird wohl noch etwas schwerers erfolgen müf=
sen, wenn ich ein Märtyrer werden soll. Ich
kann gleichwol nicht sagen, daß ich izo schon Lust
hätte, wie einige Märtyrer der ersten Kirche,
meinen Kopf ungebeten darzustreken. Schon die
kleinen Erstlinge thaten mir weh genug. Den
Vorwurf, daß ein Gedicht, wie der „Messias“
ist, der Hoheit und Heiligkeit unsrer Religion
nachtheilig sei, wollte ich gewiß lieber von je=
mand anderm, als von meinem Heidegger hö=
ren. Zwanzig thüringische Landprediger wären
mir in diesem Streit nicht so fürchterlich, als
dieser große Freund allein. Wenn ich nur diesen
auf meine Seite bringen könnte, so müßte mir
hernach die bevorstehende Meyrische Verfol=

gung nicht halb so viel zu schaffen machen. Meyer wird doch nicht meine Liebe zum „Mef= fiaß,‟ sondern nur meinen kleinen Muthwillen bestrafen, den ich an ihm selbst als einem hoch= berühmten Herrn Professor verübet.

Und da bequeme ich mich schon zum voraus, daß mir der verdiente Lohn wiederfahren wer= de, und rüste mich also bei Zeiten, dieses Leiden mit Geduld zu ertragen. Ich gedenke wenig= stens, es werde mich allezeit noch leichter ankom= men, die Lehre unsers „Messias‟ mit Leiden zu bestätigen als mit Wundern.

Sorgen Sie für dieses letztere, mein werthe= ster Herr und Freund! wenn Sie der Evangelist des „Messias‟ seyn wollen, wozu Sie jezo einen so rechtmässigen Beruf haben. Ich werde hernach mit meinen apostolischen Leiden schon noch hinten drein kommen.

Wissen Sie was? thun Sie gerad das erste,

Wunder an unserm Heidegger; das wird
beſſer angewendet ſeyn, als wenn Sie 50. deutſche breite Köpfe an den „Meſſias" be-
lehrten.

Daß aus Kleiſtens „Landluſt" die beyden
Stellen von der Nachtigall und der himm-
liſchen Doris vor andern Klopſtoks ganze
Seele bewegt, dazu mag vermuthlich ſeine Liebe
beinahe eben ſo viel beigetragen haben, als das
Rührende und Zärtliche in dieſen beiden Stellen.

Mich dünkt das nicht die eigentliche Landluſt,
die ein verliebter Herr genießt, wenn er ſeine
Zeit mit einer himmliſchen Doris in irgend
einer angenehmen Gegend in buhleriſchem Müſſig-
gang zubringt. Weit ſtärker würde es mich rühren, wenn ſich einmal ein Poet von einem redlichen und wizigen Bauer das reine Vergnügen
beſchreiben ließe, welches er bei und nach ſeiner
Feldarbeit genießt, und es alsdann als die wahre
Landluſt poetiſch ausmalte. Bei Leſung der

Kleistischen „Landlust" ist mir öfters wieder
Willen zu Sinn gekommen, was Bayle an einem Orte sagte: „Virgile & Horace, qui decrivent
si bien le bonheur de päisans, se servient bientôt las-
fés de manier la charrüe: ils auroient senti, qu'état-
là ne garantit point des chagrins & des inquiétudes,
& que l'on y porte envie à ceux, qui vivent de leurs
rentes, ou qui ne redoutent pas la güele, le passage
des soldats, & mille autres choses. Rep. au Quest.
d'un Prov. T. II. Ch. 86.

Bei diesem Anlaß muß ich Ihnen doch bekennen, was für eine übereilte Kritik ich bei erster Durchlesung der Kleistischen „Landlust"
gemacht habe über eben dieselbe von der Nachtigall, die Sie in Ihrem Brief anführen,
und zwar über den lezten Ausdruk in derselben:

> „Da klagt um sie der Schatten des todten Lieblings,
> da dünkt ihr
> Ihn wund und blutig zu sehen —"

Wie kann eine Nachtigall, dachte ich, ihren
vermeinten todten Liebling sich so leicht und so

lebhaft als wund und blutig vorstellen?
Hat sie jemals einen Vogel von ihrer Art in
diesem Zustande gesehen? Oder wo nimmt sie
sonst dergleichen Begriffe her? die Nachtigallen
pflegt man ja nicht todtzuschießen.. Sie werden,
wie dieser Liebling, im Schlagbauer gefangen.
Tödtet sie hernach der Vogler, so macht er sie
entweder nicht wund und blutig, oder die über=
lebenden im Walde können es doch nicht sehen.

So urtheilte ich damals, und wenn ich die
Landlust auf der Stelle hätte öffentlich beurthei=
len müssen, hätte ich mich vielleicht nicht gescheut
zu sagen, daß dieser Ausdruk: Ihn wund und
blutig zu sehen, unnatürlich seie.

Jezo besinne ich mich erst, daß die verliebte
Nachtigall wohl ehedem einen andern Vogel oder
auch ein andres Thier im Wald entweder todt=
schießen, oder von den Raubthieren zerreißen gese=
hen und daher einen so starken Eindruk von dem
wund und blutig mag bekommen haben.

Noch eins hätte ich schier vergessen. Wenn
Sie gerne dem Herrn Klopstof meine eigent=
liche Herzensmeinung von dem Abbadonna
noch sagen wollen; so bitten Sie ihn, daß er
künftig dieses armen Teufels schone so viel als
immer möglich; und wenn ihm desselben Seligma=
chung eben so wie mich der Religion nicht gemäs dünkt,
daß er doch dem Leser den Zweifel und folglich
auch die Hofnung übrig lasse, er könnte noch
eben sowohl selig worden, als verdammt geblie=
ben seyn. Dann sonst bliebe es allzeit schwer,
den Dichter von dem Vorwurf völlig zu retten,
daß er dem Abbadonna als einem verdamm=
ten Teufel zu viel gutes beigelegt habe.

Heß.

124

Altſtetten b:n 27. Jun. 1749.

In der That, Sie hätten bald gemacht, daß es mir mit der Poeſie ergangen wäre, wie jenem bei'm Moliere mit der Proſe, der ſich zum höchſten darüber verwunderte, daß er dieſelbe ſo lang und ſo gut geredet, ohne es zu wiſſen. Und wie? wenn mich jezt die Luſt ankäme, alle meine Predigten und Schriften zu durchgehen, und alles herauszuklauben, was ſich einigermaaſen ſcandiren und in dieſes oder jenes Metrum bringen lieſſe.

Welch ein artiges Bändchen von Verſen könnte da herauskommen? Ohne Zweifel würde eine ſolche Sammlung einzelner Verſe bei der Nachwelt über kurz oder lang ein recht ehrwürdiges Anſehen erlangen: wenn nämlich ein ſinnreicher Antiquarius ſelbiger Zeiten auf den gelehrten Einfall geriethe, daß wären lauter ſchäzbare Frag-

mente von verlohrnen Gedichten der beſten Poeten unſrer Tage.

Den einen Verß würde er dem Haller,
den andern dem Bodmer, einen andern dem
Klopſtok, dem Kleiſt, dem Lange, u. ſ.
w. zuſchreiben, je nachdem daß Metrum ſich zu
den Gedichten des einen oder des andern dieſer
großen Männer am beſten ſchikte.

Welch ein Ruhm wäre das nicht für den ge-
ſchikten und fleiſſigen Sammler ſo koſtbarer Trümmer der poetiſchen Vorwelt?

Aber im Ernſt, die Hofnung, welche Sie mir
zu machen ſcheinen, daß beim entzükenden Genuß
der Klopſtokiſchen Freundſchaft mich noch
einmal ein poetiſches Feuer anſteken könnte, hat
bei mir noch ſchlechten Eingang gefunden. Die
Urſach iſt, weil ſich meine Muſe in ihrer Jugend
ſo unartig aufgeführt, daß ich ihr mein Lebtag
nichts rechtſchaffenes mehr Zutrauen könnte. Meine

zwar frühzeitige Bekehrung vom Lohensteini-
schen Phöbus, dem ich anfänglich ergeben war,
gerieth nicht besser, als des Neukirchs seine.
Ich vertauschte nur das schwülstige Hohe, mit
dem Matten und Kriechenden. Dieses machet
mich noch jezo so furchtsam und so mißtrauisch
gegen mich selbst, daß ich das poetische Feuer
gar nicht mehr zu gebrauchen wüßte, wenn ich
auch wirklich davon sollte angestekt werden. Bloß
die ängstliche Furcht, ich möchte mich allzuhoch
versteigen, um hernach desto tiefer zu fallen,
würde mich in meinem Fluge alle Augenblike
hemmen und alsdann eben das, was ich befürch-
tete, verursachen. Es gienge mir dißfalls im
eigentlichen Verstande, wie es Ihnen vor diesem
in einer andern Absicht ergangen:

„Mit Lohenstein ritt' ich daher auf Wolken,
welche zerflössen
Und sanke dann zu Corvini herab!‟

Herrn Meisters vertraulicher Brief kommt
hier mit großem Dank wieder zurüke. Seine

Geheimniſſe, die ich gewiß nicht errathen habe,
haben mich gleichwol nicht wenig erbaut. Für=
nehmlich lernte ich daraus, wie hoch ein ſolcher
vertrauter Freund, wie Sie ſind, zu ſchäzen ſei,
der ſich ſo gütig, auch die ängſtliche und theils
verdrießliche Geheimniſſe ſeiner Freunde in den
Schooß ſchütten läßt. Fahren Sie fort, aller
ihrer bekümmerten Freunde ſich ſo gutwillig an=
zunehmen. Mein geliebter Klopſtok wird ſich
deſſen gewiß noch öfters zu getröſten haben; be=
ſonders, wenn Sie ſo zärtlich ſorgfältig ſind, daß
Sie ihn auch von den freundſchaftlichen Verfol=
gungen derer zu retten ſuchen, die ihn etwan
durch unzeitige Kritiken in ſeinem poetiſchen Flu=
ge hemmen könnten. Vielleicht hätte doch Klop=
ſtok beſſer gethan, wenn er den Herrn Mei=
ſter auf dem Wahn gelaſſen hätte, daß die A=
theiſten in der Hölle nicht Teufel, ſondern Men=
ſchen ſeyen.

Was hätte ihm dieſes Schaden können? Wie=
wohl freilich die Meiſteriſche Kritik über dieſe

Teufel meines Bedünkens nicht gar viel zu sagen hat. Ich sehe nicht, warum es nicht wahrscheinlich seyn sollte, daß es unter den Teufeln
eben so wohl Gottesläugner geben könne, als unter den Menschen, und der Spruch Jac. 2, 19.
ist so ein allgemeiner Saz, der so wohl einige
Ausnahme leiden kann, als sehr viel andre von
gleichem Schlag, die in der Schrift häufig anzutreffen sind.

Der körperliche Endzwek der „Ode an Gott"
läßt sich freilich am besten damit entschuldigen:
daß, wenigstens in einem solchen Fall wie dieser
ist, die geistliche Liebe, wenn ich so sagen darf,
nicht nur mit der fleischlichen gar wohl zusam-
menstimmen könne, sondern auch die erstere von
der lezteren noch viele Vortheile zu erwarten
hat. Und wer weiß? Vielleicht ist es dem Menschen, dem Mittelding von Engeln und von Vieh,
wenigstens in dieser Welt, überall nicht möglich,
etwas ohne den körperlichen Genuß zu lieben.
Oder zielet nicht die freundschaftliche Liebe, die

doch allezeit viel reiner als die ehliche Liebe seyn
will, auch immer auf etwas körperliches? Wenn
ich z. B. aus Klopstoks Gemüthseigenschaften
und Tugenden, so wie sie mir aus seinen Gedichten, aus Briefen an andere, und aus dem,
was ich von ihm erzählen höre, bekannt sind, so
viel Vergnügen schöpfe, warum genügt mir nicht
daran? Warum muß er mir die Liebenswürdig=
keiten, die ich schon so wohl kenne, auch noch
durch Briefe, die an mich geschrieben sind, zu
erkennen geben? Und wenn wir auch das haben;
warum dringen wir noch weiter darauf, daß er
selbst einmal zu uns kommen soll? Suchen wir
nicht, so weit es sich thun läßt, uns mit ihm
körperlich zu vereinigen, weil wir hoffen, daß auch
die Freundschaft und Liebe unsres Geistes da=
durch noch mehr werde erhöht und gestärkt werden?
Warum sollte er denn nicht aus gleichem Grund
die körperliche Vereinigung mit seiner Fanny
nach seinen Umständen sehnlich wünschen?

Indeſſen kam es mir doch beim erſten Durch-
leſen dieſer Ode nicht anders vor, als wenn ſich
der Poet ſelbſt ſeiner allzukörperlichen Liebe vor
Gott ſchäme; zumal er gar an einem Orte dieſe
Liebe beinahe vorſtellt, als einen wahren Streit
zwiſchen Fleiſch und Geiſt, wenn er zu dem hohen Gedanken von der zukünftigen himmliſchen
Liebe ſagt:

> „Dich denkt mein Geiſt in deiner Gröſſe,
>   Aber mein Herz fühlt zu ſehr das Leben,
> Das ich hier lebe:“

Sehen wir hier nicht den Poeten mit einer
menſchlichen Schwachheit kämpfen? Aber freilich
mit einer Schwachheit, die an ſich unſchuldig,
und die noch dazu unüberwindlich iſt; die folglich
auch nur Mitleiden, und keinen Tadel verdient.
Wie herzrührend iſt nicht auch das, daß der
Dichter mit dieſer ſeiner Schwachheit vor Gott
nicht anders beſtehen will, als wie ein Wurm,
wie Staub und Aſche vor dem Ewigen? Dieſes
mahnet mich natürlich an den demüthigenden

Grund, mit welchem etwa die Heilige, alten Te-
staments, ihre Bitte oder Danksagung um das
zeitliche Leben begleitet haben: denn er weiß,
was für ein Geschöpf wir sind, er gedenkt, daß
wir Staub sind.

Von Herrn Schinz, der den gestrigen ganzen Tag bei mir zugebracht, hab' ich mit Verwunderung gehört, daß auch die wizigen Berner
den „Messias“ hauptsächlich wegen des Metri
noch nicht lesen wollen. Dieses wäre für mich
Grund's genug, mit ehestem eine kleine Schuz-
schrift für dieses Metrum zu verfertigen, wenn
mir nicht noch dieses im Weg stünde, daß Klopstok sich nur immer auf den homerischen Hexameter beruft; dieser mir aber so bekannt nicht
ist, als der Virgilische. Ich fürchte also,
es möchte etwa zwischen dem griechischen und lateinischen Hexameter ein solcher mir unbewußter
Unterschied sich finden, der den ersten zur Nachahmung im Deutschen bequemer machte, als den
lezten. Alsdann wäre ich wohl nicht im Stand,

die Art und den Werth des Klopſtokiſchen
Hexameters ſo deutlich zu erklären, und ſo ge=
nau zu beſtimmen, als es in einer Schuzſchrift
für denſelben geſchehen ſollte.

Wäre es nicht gut, wenn Klopſtok ſelbſt
die nächſt zu erwartende Ausgabe der 5. erſten
Geſänge ſeines „Meſſias“ mit einer guten
Vorrede begleitete und darinn die eint= und an=
dere zur Vertheidigung ſeines Gedichts dienliche
Materie abhandelte. Hier hätte er meines Er=
achtens den bequemſten Anlaß, ſich wenigſtens
über 2. Punkte deutlich und herzhaft zu erklären.
Einerſeits über ſeine gute und chriſtliche Abſicht,
unſre heilige Religion und den göttlichen Stifter
zu verherrlichen und anderſeits über die Beſchaf=
fenheit und die Vortheile ſeiner beſonderen Vers=
art. Damit könnte er den wichtigſten Skrupeln,
die bisher ſo viel mir bekannt iſt, über ſein Ge=
dicht gemacht worden ſind, am beſten begegnen.

N. S. In der Anlage mein Brief an Klopſtok.

Heß.

An Klopſtok

auf Bodmers außdrükliches Verlangen eingerükt.

Altſtetten den 30 September 1749.

Ich liebe Sie ſo zärtlich, daß ich Sie nicht anders, als, Freund! nennen kann; beſonders da Sie ſchon ſelbſt auf eine ſo liebreiche Art mich verſichert haben, daß Ihnen meine Freundſchaft nicht zuwider ſei. Nehmen Sie es alſo mit mir auf, daß wir fürohin einander nur Freunde tout court nennen, und unſer Ehrwürdiges und Hoch= geehrtes denen überlaſſen woſſen, die in dieſen Titeln allein ſchon etwas Liebenswürdiges finden können. — Aber warum legen Sie mir ſchon in der zarten Jugend unſrer Freundſchaft eine ſo ſchwere Probe auf, daß Sie mir verbieten, ja nichts mehr von Ihnen zu ſchreiben? Bedenken Sie nicht, wie ſchwer es einen angehenden Schrift= ſteller ankömmt, wie er ſeine Authorſchaft ſchon wieder aufgeben ſoll, ſobald er ihre Süſſigkeit zu ſchmeken anfängt? Und ich wüßte doch nichts anders zu ſchreiben, das mir ſelbſt recht gefiele, als von Ihnen und von Ihrem „Meſſias.“

Doch ich verstehe Sie. Sie wollen mir hierüber
nur zwei Stüke verbieten. Das eine, daß ich
Sie nicht mehr so gar nach Herzenslust loben;
das andere, daß ich von dem Verfolg Ihres Ge=
dichtes nichts mehr errathen soll. Beides kann
ich Ihnen wohl versprechen, und das leztere noch
am liebsten: denn ich wünschte selbst nicht, daß
mir der ganze Plan Ihres „Messias“ zum
voraus bekannt wäre, weil ich dadurch bei den
folgenden Gesängen von dem Reiz der Neuigkeit
allzuviel verlieren würde. — Warum fordern
Sie nicht auch von mir, daß ich Sie nicht mehr
tadeln soll? Dieses hätte ich Ihnen lieber als
alles andere versprochen. Besonders da mein er=
ster Tadel eine Wirkung gethan, die ich mir
nicht gewünscht hatte. Warum haben Sie die
getadelte Stelle von „Judas Vater“ so ge=
schwinde ausgestrichen? Ich war eben im Begriff,
da ich Ihren Brief bekam, dieselbe Stelle aus
dem Grund der poetischen Nothwendigkeit noch
weiter zu vertheidigen, nachdem mir jemand in
den „freimüthigen Nachrichten“ dazu Anlaß gege=

ben. Aber nun thue ich es nicht mehr, wenn
Sie mirs nicht selbst befehlen. Es küzelt mich
jezo allzusehr, daß ein solcher Poet in seinem Ge=
dicht mir zu Gefallen etwas geändert hat.
Doch damit ist mein kleiner Ehrgeiz schon völlig
gesättiget; und ich könnte es nicht leiden, wenn
Sie fürohin um meintwillen in Ihrem „Mes=
sias" das geringste mehr ändern sollten. —
Lassen Sie Sichs nicht anfechten, daß ich Ihnen
einen Ihrer lieben Verse getadelt habe. Ich
habe es ja nur halb im Scherze gethan, und
fast aus Nothwendigkeit, so etwas überflüssiges,
das des kleinsten Tadels werth wäre, in dem
„Messias" aufzusuchen. Um deßwillen soll
Ihnen der getadelte Vers, und noch viel weniger
das Gedicht selbst nicht im geringsten desto weni=
ger lieb seyn. Warten Sie nur, die Mutter
hat gesagt, ihr Mädchen, dünke sie nicht mehr
so schön als vorher, nachdem der Liebling nur
im Scherz behaupten wollen, daß ihm ein aller=
liebstes Häärgen auf dem Haupte des Mädchens
halb grau geschienen. Was soll nun der arme

Liebling thun? Er wird der Mutter und dem
Mädchen zugleich so zärtlich liebkofen, daß sie
einander alle drei erst recht lieb werden sollen;
und so oft er sich fürohin seines übereilten Scher-
zes erinnert, wird das allerliebste Häärgen eine
desto reizendere Schönheit in seinen Augen seyn.
Mir geht es so. Ich hatte Sie gebeten, daß
Sie mir das Rührende in dem getadelten halben
Verse zeigen sollten. Und Sie haben mir's sowohl gezeigt, daß es mir jezo noch einmal so schön
einleuchtet, als wenn ich es nie mißkannt hätte.
Ich wohne beinahe auf dem Kirchhofe, und
wandle fast täglich unter den Gräbern herum.
Daher kams vielleicht, daß mich der allzuge-
wohnte Gedanke vom Begrabenliegen in dieser
Stelle nicht sonderlich gerührt, oder daß vielmehr
alles Rührende in demselben von dem folgenden:
„Wo kein Auferstehen seyn wird,“ bei mir,
gleichsam verschlungen worden. Jezo helfe ich,
mir damit, daß, so oft ich auf den Kirchhof,
komme, ich zuerst dem niederschlagenden Gedanken: „wieviel todte liegen hier begraben!“ ein,

wenig nachhänge, und dann erst mit dieser entzükenden Vorstellung mich erhole: „was wird hier
für ein Auferstehen seyn!‘‘ — Daraus sehen Sie
schon, wie schwach mein Tadel in diesem Stüke
gewesen. Ich muß Ihnen aber doch noch eine
grössere Schwachheit bekennen. Ich vermuthe
 nemlich schier, daß ich denselben Vers wohl auch,
darum desto eh' getadelt habe, weil der Abschnitt
in der Mitte des Verses einen Mißton dadurch
verursachet, daß er den ganzen Hexameter im
Scandiren, soviel als in zween kleine Verse zer-
schneidet. Es kömmt mir jezo nicht unmöglich
vor, daß ich in diesem Verse vielleicht nicht sobald etwas überflüssiges gefunden hätte, wenn
ich ihn z. Er. so hätte scandiren müssen:

$$— \; \cup \; \cup \; — \quad \cup \; \acute{\cup}$$

„Wo kein Todter im Grabe verweßt, wo kein Auferstehen seyn wird.‘‘

Lachen Sie hier nur. Sie haben Ursache dazu. Und ich bin es damit besser zufrieden, als wenn Sie aus allzugrosser Gefälligkeit auch diesen Vers um meinetwillen geän-

dert hätten. Indessen sehen Sie doch auch hier-
aus, wie wohl Sie thun, daß Sie in Ihrem
Gedichte um der Schwachen willen auch den
Wohlklang so sorgfältig in Acht nehmen.

Werden Sie den ersten Band Ihrer „Messiade,“ welchen Sie herausgeben wollen, nicht
auch mit einer Vorrede begleiten? Sie sollten
darinn fürnemlich das Recht eines christlichen
Poeten behaupten, von den wichtigsten Wahrheiten unserer allerheiligsten Religion so zu dichten,
wie Sie dichten. Es giebt auch bei uns unter
den besten Kennern und redlichsten Liebhabern Ihres Gedichtes solche zarte Gewissen, die sich über
diesen Punkt unnöthige Schwierigkeiten machen.
Und diese wären es werth, daß ihnen ihre Scrupel von dem Herrn Dichter selbst auf die Weise
benommen würden, wie Sie es in einer solchen
Vorrede gar wohl thun könnten. Ich selbst muß
bekennen, daß der gute Schein, mit welchem diese
verführischen Irrgeister ihre Sache zu benänteln
wissen, mich viel eh' im Glauben schwach machen

könnte, als der weltliche Arm der Kunstrichter. — Und ich hätte bald Lust, einem solchen Schwach= glauben mit Fleiß nachzuhängen, wenn dieser, wie Sie sagen, das Mittel seyn sollte, Sie selbst zu mir nach Altstetten zu loken. Kommen Sie nur einmal. Mein Glaube mag alsdenn schwach oder stark seyn, so wird mir Ihre An= kunft einmal wie das andere im höchsten Grad erfreulich seyn. Wissen Sie was? Kommen Sie auf das nächste Frühjahr, und bleiben den ganzen Sommer über bei uns. Das wird für uns eine goldene Zeit seyn, diesen Winter über (aber nicht länger) wollen wir uns noch gerne gedul= den, weil es ohnedem nur eine halbe Freude wäre, Sie durch den Winter hier im Lande zu haben. Bodmer und ich müssen beide mit un= serer blöden Gesundheit so genau Hause halten, daß wir selbst den ganzen Winter niemals an= ders, als durch Briefe, zusammen kommen kön= nen, ob wir gleich nur eine Stunde weit von einander entfernt sind. Aber noch einmal, kom= men Sie auf das nächste Frühjahr. Versichern

Sie mich deſſen noch vorher einmal ſchriftlich.
Das allein wird mir für einen ganzen lieben
Briefwechſel genug ſeyn.

———————

Der zweite „antimeffianifche Brief,"
der hier mit groffem Dank wieder zurüke kömmt,
hat auch mich noch mehr als der erftere ftuzen
gemacht, nicht fo feft über den Innhalt felbft,
oder die wider die „Meffiade" fo häufig und
ernftlich vorgebrachte Schwierigkeiten, denn die
werden doch endlich noch wohl aufzulöfen feyn;
fondern vielmehr über den Verfaffer diefer Briefe,
und fonderlich über die Abficht, die er dabei
möchte gehabt haben, daß er uns diefelbe auf
diefe Weife zugefendet hat. Je mehr ich aber
diefer Sache nachdenke, je weniger kann ich mich
felber bereden, daß das Zeug alles wirklich und
im Ernft von Landpfarrern fei gefchrieben worden.
Wenigftens von denen beiden Briefen, die dem
Herrn Landprediger zugefchrieben werden, glaube
ich ganz ficher, daß fie fingirt feien. Denn 1)
fo finden fich darinn auf der einen Seite foviel
Spuren eines feinen und muntern Wizes und

einer nicht gemeinen Einsicht in die Wissenschaften, und auf der andern Seite soviel des schalk-
haften Verbrechens, des boshaften Kezermachens
und des groben unwizigen Schmähens, daß ich
dieses alles unmöglich mit dem Charakter eines
frommen ehrlichen Predigers, der zwar aus lo-
benswürdigem Eifer, (wie sein Commentator
sagt) doch dabei eben so gründlich nicht schreibt,
zusammen reimen kann. 2) So müßte, wenn
nichts fingirt wäre, nothwendig folgen, daß nicht
wenige von unsern Herrn Pfarrern in dieser Sache interessirt wären. Es wäre vorderst der Herr
Briefsteller selbst und sein Herr Bruder, Gevat-
ter, dem er die Briefe zugeschrieben. Es wäre
demnach eine ganze Brüderschaft, die zugleich
mit den beiden erstern dergleichen Sachen auf ihrem Kongresse behandelte. Es wäre überdem einer, der eben nicht von der Coterie seyn müßte,
welcher die Briefe des erstern auffienge, kopierte
und darüber kommentirte. Es wäre endlich einer, dem er die Briefe samt dem Kommentario
zur Beurtheilung überschifte, und dieser wäre es

erſt, der uns das alles aus dergleichen Abſichten, wie Sie, mein Freund muthmaſſen, incognito zuſchikte. Nun könnte ich doch auch gar
nicht errathen, wo ich dieſe Szenen alle auf unſerer Landſchaft zuſammenſuchen müßte! Um ſo weniger, da 3) bei den meiſten dieſer Herren der Eifer
wider Heumanns Ueberſezung und die „Meſſiade“ eine ſo ernſtlich und höchſtwichtige Gewiſ-
ſensſache wäre, und die noch dazu, wenigſtens
von dem Herrn Briefſteller ſchon bei Monaten
(denn der erſte Brief iſt den 26ſten Auguſt da-
tirt) unter ihnen mit ſolcher Heftigkeit wäre getrieben worden, daß wenigſtns über die lezte
Synodalzeit unmöglich die Sache ſogar überall
hätte verborgen bleiben können; wenn auch daſſelbe antimeſſianiſche Komplot im Thurgau
oder im Rheinthal wäre geſchmiedet worden.

Seien Sie alſo nur ſicher, mein wertheſter
Freund, es iſt ganz gewiß noch nicht an dem,
daß die „Meſſiade“ unter unſern Landpfarrern
dergleichen gefährliche Feinde habe, wie der Verfaſſer dieſer Briefe in der That wäre, wenn wir

ihn je für einen beklarirten Feind halten müßten.
Ich meinerseits halte ihn aber noch nicht dafür.
Und damit Sie gar eigentlich sehen, warum? so
will ich Ihnen mein iztges Glaubensbekenntniß
dieser uns zugesendeten Briefe halben deutlich
erklären. Ich glaube also, daß die beiden Briefe
des Herrn Predigers durchaus fingirt seien;
daß sie mit den weitläuftigen Anmerkungen, dar=
über einen gleichen Verfasser haben; daß die An=
merkungen an niemand anders, als geradenwe=
ges an Sie, mein Freund, addressirt seien; daß
der Verfasser uns damit habe wollen aus dem
Wunder helfen, wie es mit seinen fingirten
Briefen eigentlich gemeint seie; daß es nemlich
Schimpf und Ernst zusammen gelte, daß er, der
Verfasser, zwar kein finsterer Kopf, kein Feind
des lustigen Wizes sei, daß er aber doch über
die „Messiade" wichtige Skrupel habe, und daß
er endlich dieselbe gern zu seiner und allgemei=
ner Erbauung (füraus dem zu besorgenden Aer=
gerniß der Landprediger abzuhelfen) möchte auf=
gelöset sehen.

Gut! werden Sie sagen; auf die Weise
wäre es freilich so böse nicht gemeint; aber wer
möchte denn wohl der Verfasser seyn, der es so
mit uns meinte, und der doch mit dieser seiner
guten Meinung so hinter uns umgienge! Herr
Pf. Goßweiler ist es gewiß nicht. Dieser
redliche Mann hat mich noch am gleichen Tag,
da ich den Verdacht auf ihn geworfen hatte, vollkommen desabusirt. Und wenn ich auch schon
das ironische Wesen, das in den beiden Briefen
des Herrn Predigers herrscht, ihm noch izo zutrauen wollte, so kämen doch die ernsthaften Einwürfe des Kommentators mit seinen wahren Gesinnungen von der „Messiade‟ gar nicht
überein. Herrn Chorh. Breitinger könnte
ich meines Orts mit keinem zureichenden Grund
in Verdacht fassen. Ich habe ihm noch nie das
Geringste anmerken können, daß die „Messiade‟
bei ihm einige Scrupel sollte erwecket haben; und
es kömmt mir überhaupt nicht wahrscheinlich vor,
daß der Verfasser der „kritischen Dichtkunst‟ dergleichen Briefe schreiben könne, er müßte es

K

denn völlig und durchaus ironisch gemeint haben,
welches ich doch auch nicht wohl begreifen könnte.
Also bleibt mir meines Orts nichts übrig, als
. . . darf ichs wohl sagen? . . . als H e i d e g =
g e r, K ü n z l i und W a s e r. Einer aus diesen
dreien, oder lieber, sie drei alle zusammen, die
es gar leicht bei Anlaß der beiden Gevatterreisen
des Ersten nach W. also miteinander könnten
verabredet haben. Der Hauptgrund, warum
meine Muthmaßung auf diese drei lieben Freunde
fällt, ist, weil der Innhalt unserer Briefe, in so
fern sie ironisch sind, ihrem Naturell, und in so
fern es Ernst gilt, ihren wahren Gesinnungen
durchaus gemäß scheint. Soviel ist gewiß, daß
die meisten und wichtigsten Einwürfe, welche uns
hier wider die „Messiade" gemacht worden, pre=
cis diejenigen sind, welche mir H e i d e g g e r
vor einem halben Jahr in seinem Hause in Bei=
seyn und theils mit Beistimmung W a s e r s ge=
macht; beides mit Schimpf und Ernst, aber doch
von Seiten H e i d e g g e r s mehr mit Ernst;
wozu noch kömmt, daß mir Herr S c h u l t h e i ß

allhier bei seiner lezten Abschiedsvisite erzählte, daß ihre Künzli und Waser in W. (füraus der Erstere) eben dergleichen Scrupel wider den „Messias" im Ernst vorgeworfen, sonderlich diesen, den Heidegger noch vergessen hatte, daß es sie gar nicht erlaubt dünke, göttliche Re= den und Handlungen ad imitationem derer, die in der heiligen Schrift stehen, zu erdichten.

Aber nun werden Sie auch wissen wollen, mein Freund, was dann diese unsere bekannten Freunde vermocht hätte, ihre Gedanken über den „Messias" uns auf eine so seltsame Art in= kognito vorzutragen? Wollen Sie Sich zufrieden geben, wenn ich nur sage, sie haben sich auf un= sere Unkosten nach ihrer Art ein wenig lustig machen, und uns doch zugleich ihre wahre Mei= nung deutlich zu verstehen geben wollen? Nein, werden Sie sagen: Sie hätten wenigstens nicht beides miteinander vermengen, sie hätten für die= sesmal bei der Ironie allein bleiben, und her= nach ihre ernstliche Scrupel uns in den gewohn=

ten Briefwechſel aufzulöſen, vorlegen ſollen. Aber
wer weiß? Vielleicht getrauten ſie ſich nicht,
ſalva amicitia, ſich hierüber in einen ernſtlichen und
weitläuftigen Diſputat mit uns einzulaſſen? oder,
welches ich noch lieber vermuthe, ſie wollten uns
vielleicht auf die Weiſe nöthigen, ihre Einwürfe
nicht ihnen allein, (denn um ſie iſt es doch eigent=
lich nicht zu thun; ihre Strauſſenmägen mögen
endlich alles verdauen) ſondern dem Publiko in
offenem Druk, zum Beſten der Landprediger und
des übrigen gelehrten Pöbels, zu beantworten.
Sollten Sie endlich noch fragen wollen, mein
Freund, warum uns denn nicht auch die aufzulö=
ſenden Scrupel in offenem Druk vor den Augen
des Publici ſeien vorgelegt worden? ſo würden
Sie Sich bald ſelbſt hierauf antworten, die Red=
lichkeit und Einſicht unſerer freundſchaftlichen Geg=
ner haben es ſo erfordert, daß ihre gefährliche
Einwürfe nicht eher, als mit einer gründlichen
Beantwortung derſelben zugleich öffentlich bekannt
gemacht worden.

Laſſen Sie mich bei dieſem lezten Wahn, mein

werthtester Herr und Freund! Sie mögen sonst
von allen meinen obigen Muthmaßungen urtheilen, was Sie immer wollen. Laßen Sie mich
bei dieser guten Meinung, daß die redliche Absicht des Verfassers der uns zugesendeten Briefe,
wer er auch sei, diese gewesen, daß wir seine
Einwürfe zugleich mit einer recht gründlichen Beantwortung derselben, aber nicht eher, dem Publiko bekannt machen sollen. Bei einer so groß-
müthigen Absicht hat sich gewiß kein Heidegger, noch ein Künzli dieser Briefe zu schämen,
und wir noch viel weniger. Wir sind aber auch auf
diesen Fall im höchsten Grad schuldig und verbunden, derselben löblichen Absicht unsers freundschaftlichen Gegners bestmöglich zu entsprechen.
Ich meinerseits bin dazu um so desto geneigter,
je näher mir dergleichen wichtige Scrupel, wie
die in diesen Briefen sind, zu Herzen gehen.
Und ich thue hiemit soviel als ein Gelübde, daß,
so mir Gott Gesundheit, Leben und Kräfte ver-
leihen wird, ich nicht ruhen werde, bis mein al-
lerliebster Messiasdichter und sein heiliges

Gedicht wider alle erhebliche Beschuldigungen, die
besonders aus den Gründen unserer allerheiligsten
Religion auf ihn möchten gebracht werden, völlig
und gründlich gerettet ist. Dazu aber, ich ge=
stehe es, wird es nicht wenig Zeit und Nachden=
kens brauchen; und Sie, mein Freund, und
verhoffentlich auch Klopstok selbst, werden mir
hiezu noch das meiste helfen können und müssen.

Unterdessen ist es freilich rathsam und nöthig,
und, wie ich glaube, auch der Absicht unsers
Gegners gemäß, daß wir jezo noch stille zur Sa=
che thun, und die beiden uns zugesendeten Briefe
noch zur Zeit Niemanden bekannt machen; und
unserem geliebten Klopstok noch am allerwenigsten,
als welchen wir dadurch nur an muthiger Fortse=
zung seines Gedichtes, welche doch unser unbekannter Gegner pag. 34. selbst zu wünschen scheint,
hindern könnte. Es ist für Klopstok übrig
genug an dem, was ich ihm schon geschrieben,
daß er nemlich nöthig hätte, das Recht eines
christlichen Poeten so zu dichten, wie er dichtet,

in einer Vorrede gründlich zu behaupten. Thut
er es, so giebt er mir gewiß zu seiner weiteren
Vertheidigung einen guten Stoff an die Hand.
Thut er's nicht, so wird er mir wenigstens auch
so etwas darüber schreiben, daß mich hernach
auf richtigere und vollständigere Begriffe über die=
sen Punkt führen wird. Ich indessen werde die=
sen Winter über manche müssige Stunde darauf
verwenden, daß ich zu der vorhabenden Verthei=
digung unsers christlichen Heldengedichtes wenig=
stens einige Gedanken und Materialien sammle.

Meine Absicht ist hiebei gar nicht, mich gleich
anfänglich in eine außführliche Beantwortung ab=
sonderlicher Einwürfe einzulassen, wie die alle
sind, die uns in den zwei eingesendeten Briefen
gemacht werden. Das könnte mich leicht auf Ab=
wege verleiten, und ich könnte es auch auf die
Weise nicht allenthalben so richtig treffen, taß
nicht hernach wieder manches dawider möchte ein=
zuwenden seyn, dadurch die redliche Einfalt man=
cher oder der meisten Leser nur verwirrt würde.

Mein Vorhaben ist vielmehr, anfänglich nur bei
der Hauptsache zu bleiben, und dieselbe gut sy=
stematisch abzuhandeln. Ich gedenke nemlich aus
richtigen, meistens psychologischen und theologi=
schen Gründen à priori zu erweisen, daß wir Chri=
sten schuldig seien, wie alle unsere Gemüthsgaben,
also auch Witz, Einbildungskraft u. d. g. auf
die Erkenntnis und Ausübung der Religion anzu=
wenden, daß dieses neben anderem auch vermit=
telst der Poesie geschehen müsse, daß es ein jeder
thun müsse nach dem Maaße seiner Gaben rc. rc.
und dann endlich, daß der allerhöchste Grad der=
selben Gemüthesgaben auf die Religion nicht bes=
ser könne angewendet werden, als vermittelst ei=
nes christlichen Heldengedichtes; daß folglich ein
seltener Geist, der ein solches zu machen fähig
ist, füraus, wo ein eigener Trieb dazu kömmt,
einen eben so göttlichen Beruf habe, sich und an=
dere, die dessen fähig sind, durch ein solches Ge=
dicht zu erbauen, als ein jeder öffentlicher Lehrer
zu seinem besondern Amt, dazu er sich vor andern
tüchtig und geneigt findet. Wenn einmal ein sol=

cher Beweis vollständig ausgeführet wäre, (wie
wohl ich noch sehr anstehe, ob und wie weit ich
ihn zu führen im Stande seyn werde:) so würde
es hernach nicht nur leicht seyn, auf alle beson.
dere Einwürfe gründlich zu antworten; als bei
denen es grossen Theils auf den bekannten Grund.
saz: „abusus non tollit usum,‟ ankäme; sondern man
könnte alsdenn auch aus den einmal vestgesezten
principiis noch viele schöne Betrachtungen herleiten,
als z. E. über die Beschaffenheit, Vortreflichkeit
und Nuzbarkeit eines solchen Heldengedichtes,
wie der „Messias‟ ist; über den besonders
grossen Nuzen, den die christliche Sittenlehre daher zu gewarten hat u. s. w. Also daß ich nach
allem und allem nicht weniger zu behaupten ge=
dächte, als daß unser gesegneter Messiasdichter
und sein heiliges Gedicht für die ganze christliche,
und fürauss für unsere portestantische Kirche ein
grosser und herrlicher Segen Gottes sei.

Wie sehen nun Sie, mein Freund, dieses
Projekt an? Nicht wahr, es dünkt Sie wohl der

Mühe werth, daß es ausgeführt werde? Aber
werden Sie mir nicht, indem Sie es lesen, das
Horazische: „sumite materiam“ — heimlich verwer=
fen? Doch ich weiß, Sie sind mir ein so ver=
trauter Freund, daß Sie es mir kek heraußsagen
werden, wenn Sie so etwas denken sollten. Wenn
aber nicht, und wo fern Sie die Ausführung die=
ses Projekts NB. für mich nicht allzuschwer fin=
den sollten; so helfen Sie mir doch auch beten
und arbeiten, auf daß mir's wohl gelinge, damit
nicht, wenn ich schon angefangen hätte, mir bei'm
Fortgang das bittere „parturiunt montes“ müßte ver=
wiesen werden.

Indem ich auf dieser Materie bin, muß ich
Ihnen doch auch noch als etwas bedenkliches sa=
gen, daß mir die erste Veranlassung zu diesem
Projekt, das mir schon lange so konfus im Kopf
herumläuft, eben auch von einem frommen wa=
kern Landprediger gemacht worden, der als der
Antipode unsers jezigen fingirten Gegners, seine
Hochachtung für die „heilige Messiade“ mir mit

diesen Worten zu wissen gethan: Es freue ihn,
daß man endlich auch in Deutschland anfange,
die christliche Dichtkunst auf diese Weise zu heiligen. Kaum hatte ich dieses vernommen, so
brachte mich das lezte Wort auf den Einfall,
daß es wohl der Mühe werth wäre, die seit einiger Zeit unter den frommen Gottesgelehrten,
so stark in Uebung gekommene Redensarten: die
Naturgaben heiligen, die geheiligte Vernunft, Beredsamkeit u. d. g. einmal gründlich
zu untersuchen, und den gesunden Verstand derselben, der mich jederzeit nicht wenig auf sich zu
haben dünkte, deutlich auseinander zu wikeln.
Das, dachte ich, gäbe mir hernach bequemen Anlaß, zu zeigen, wie neben andern Naturgaben
und Wissenschaften auch die Poesie müsse gehei-
liget werden rc. Daraus entstand also mein obi-
ges Projekt, und ich gab auch schon damals
diesem meinen zukünftigen oder vielleicht nur ge-
träumten Kind zum voraus den Namen: Die
„geheiligte Dichtkunst," welchen ich ihm
hiemit nochmals will bestätiget haben, wofern

etwa Sie, mein Freund, es erleben sollten, daß dieses Kind als ein Posthumus, in diese Welt müßte gebohren werden.

Doch ich halte Sie allzulange mit Projekt= machen auf. Genug, daß Sie, mein Freund, mit mir für nöthig halten, daß die uns gemachten Einwürfe wider die „Messiade" gründlich beant= wortet werden: es geschehe nun von mir und nach dem jezgemachten Projekt, oder von jemand anderem, und auf irgend eine andere Weise.

Unterdessen wäre es doch allezeit gut, wenn wir den eigentlichen Verfasser der uns zugesende= ten Briefe entdeken könnten. Sie thun also wohl, wenn Sie dießfalls fleissig und still auf= merken. Meinten Sie aber nicht, daß es doch rathsam wäre, den obbemeldten drei lieben Freun= den, auf die ich einen so gegründeten Argwohn zu haben vermeine, ein wenig auf den Leß zu gehen? Ich will es Ihnen überlassen, etwas der= gleichen nach Gutbefinden mit dem grossen Hei=

degger zu tentiren. Sie werden da gewiß
nicht weit vom Ziel schiessen. Denn wenn er
auch schon mit den Briefen nichts zu thun gehabt
hätte, so müssen wir ihn doch allezeit auf eine
gewisse Art für einen wichtigen Complice in dem
antimessianischen Komplot ansehen. Denn
ich vergesse ihm sobald nicht, was er mir vor
einem halben Jahr scherzend gesagt: er besinne
sich, ob er nicht einmal dieses Gedichtes halben
einen Anzug thun wolle? Das wird er wohl nicht
thun. Aber wenn ohne sein Zuthun etwas
dergleichen den Herrn Censoren unvermu=
thet anhängig gemacht würde, so wäre es
doch gut, daß er vorher in meliorem partem ein we=
nig præoccupirt wäre. Thun Sie eins, wenn Sie
es thunlich finden: geben Sie ihm die Briefe en
ami zu lesen, und fragen ihn hernach bei einer gu=
ten Gelegenheit um seine Meinung davon. Er
mag alsdenn etwas davon wissen oder nicht wissen
wollen; so wird er Ihnen doch gern gestehen, daß
wenigstens der Herr Kommentator ihm in den
meisten Punkten wie aus dem Herzen rede. Da=

mit bekommen Sie Anlaß, sich hierüber mit ihm
einzulassen, und ihn unserm geliebten Klopstok
zum Freund zu gewinnen. Sie haben fürwahr
ein Grosses gewonnen, wenn Sie dieses gethan
haben. Ich habe Ihnen nicht umsonst schon vor
einem halben Jahr gesagt, dieser Freund sei mir
über diesen Punkt ein Gegner, den ich mehr
fürchte, als zwanzig thüringische Landprediger;
und Sie können, als der Evangelist des „Klop-
stokischen Messias,“ Ihre Predigt mit keinem grössern und bessern Wunder bekräftigen,
als mit der Bekehrung dieses widrigen Mannes.

Was die zwei lieben Freunde in W. angeht,
so will ich es auf mich nehmen, zu probiren, ob
ich ihnen etwas aberrathen könne. Ich hatte
ohnedem im Sinn, auf die künftige Woche
Ihnen beiden wieder zu schreiben. Also habe
ich den allerbesten Anlaß dazu. Ich will Ihnen
aber doch sagen, mein Freund, wie ich es im
Sinn habe, anzugehen, damit Sie, wann immer
möglich, noch vorher Ihre Gedanken darüber können wissen lassen.

Dem Herrn Künzli habe ich im Sinn, vom
Synodus her einen besondern Casus zu erzählen:
daß ich nemlich in Erfahrung gebracht, wie ein
gewisser unbekannter Landprediger aus unserem
Synodus unlängst im „Messias" gelesen, sei
ihm die Galle überlaufen, womit ihn ein wun=
derlicher Paroxismus überfallen, der noch jezt
wiederkomme, so oft er den „Messias" lese
rc. rc. (alles mit Redensarten aus dem ersten
mir zugesendeten Brief.)   Weiter habe ich ein
paar Freunde einander hören ins Ohr sagen, es
sei an dem Zufalle des Herrn Predigers niemand
Schuld, als der verborgene Herr Mag. Kin=
derlieb, der noch immer wie der ewige Jude
im Finstern herumschleiche; der habe dem guten
Mann unvermerkter, wie wohl nicht ganz unver=
schuldter Weise unter'm Lesen ein gewisses ma=
gisches Pulver über das „Messiasbuch" hin=
gestreut, das habe ihm etwas von der Galle ins
Hirn und in die Augen heraufgezogen, und seit=
her komme ihm alles verkehrt vor, was im
„Messias" steht, oder denselben angeht. Das

beſte Mittel, ſage man weiter, dem Herrn Pre=
diger zu helfen, wäre, wenn ihm Mag. Kin=
derlieb ſelbſt eine Gegenarznei gebe; denn der=
gleichen ſeine Geiſter ſollen doch allezeit mit Gift
und Gegengift gleich wohl verſehen ſeyn. Die
Kunſt ſeie jezt, den geheimen Herrn Magiſter
auszukundſchaften. Man ſage, er laſſe ſich öfters
ſonderlich um die Fronfaſtenzeiten in Winterthur
ſpüren. Künzli ſei wohl ſelbſt ein Fronfaſten=
kind, und der tüchtigſte, dergleichen spiritus familiares
auszukundſchaften. Er ſoll alſo dem Kinder=
lieb aufpaſſen, und ihn auf Betreten nicht eher
wieder los laſſen, bis er ihm ein Gegengift für
den guten Herrn Prediger gegeben habe. Daſſelbe
dürfe man hernach nur an einem Dienſtag mor=
gens in den Laden unter dem neuen Schuhma=
cherzunfthaus in Zürich legen, von da werde es
ſchon an ſeine Behörde richtig verſendet werden.

Dem Herrn Diak. Waſer hingegen gedenke
ich Klopſtoks Brief an mich, ſamt meiner
Antwort, darauf zu kommuniziren. Wie ich nun

in lezterer dem Poeten den Vorschlag gethan,
daß er sein Recht so christlich zu dichten, in einer Vorrede rechtfertigen sollte; so wird mir dieses Anlaß geben, mich hierüber noch weiter einzulassen, und sonderlich nach Anführung meines
obbemeldten Projekts, Wasern en ami zu fragen,
ob er dieses nicht für ein bequemes Mittel
halte, solchen Einwürfen, (deren ich einige
aus dem zweiten Briefe und sonderlich aus dem
Kommentario anführen wollte,) die mir vordem
von Heideggern und in seiner Gegenwart,
und seither noch von jemand anderem wider die
„Messiade" gemacht worden, auf einmal zu begegnen.

Was sagen Sie hiezu, mein Herr und Freund?
Wie gefällt Ihnen dieses Maniment, und sonderlich
die für Herrn K. bestimmte Allegorie? Ich frage
nicht, ob sie als Allegorie wohl oder übel gerathen seie? Daran liegt mir jezt nicht viel. Sagen Sie mir nur, was Sie meinen, daß Herr
K. darüber gedenken werde, er mag jezt von den

„antimeſſianiſchen Briefen" etwas wiſſen
oder nicht? ob ich nicht etwann in dem einen oder
andern Fall mehr damit verderben, als zurecht
machen könnte? Hierüber habe ich Ihren Rath
nöthig. Ich ſende Ihnen eben darum die beiden
Briefe zuſammen, damit Sie ſie gelegentlich miteinander vergleichen, meine obigen Muthmaſſungen
darnach unterſuchen, und mir hernach deſto beſſer
rathen können. Aber Sie müſſen mir die Briefe
ſamt Ihrem Gutachten längſtens bis Dienſtag
Abends wieder zuſchiken, damit ich mich im
Schreiben am K. und W. darnach richten könne.
Sie können hernach die Briefe wieder haben, ſobald Sie es verlangen, und ich will Ihnen noch
danken darum, wenn Sie dieſelben über den Winter bei ſich in guter Verwahrung behalten wollen.

Heß.

Altstetten den 18. December 1749.

Zur Zeit des belebenden Winters, wenn noch beim frühen Abschied der Sonne ihr glühender Purpur im heitern Westen funkelt, wie wirs jezt ein paar Tage gesehen haben, da läßt sich end= lich der glänzende Schnee noch wohl mit einem poetischen Auge anschauen, besonders wenn man ihn nur aus der warmen Stube durch das Fen= ster betrachtet. Aber bei stürmischem Wetter, wie es die vorige Woche gewesen, da die rauhen Winterweste meinen Altstetter Schnee beinahe zu Ihnen in den Berg hinaufgewehet haben, da ha= ben gewiß auch Sie mit aller Ihrer bilderreichen Poesie an diesem finstern Gesellen nicht viel mäd= chenfreundliches entdeken können. Doch für mich kann dieser gegenwärtige Winter überall nicht viel liebenswürdiges haben, er mag heiter oder trüb aussehen, oder wie er will. Denn ich kann ihn schier gar nicht anders ansehen, als auf der trau= rigen langwürigen Seite, wie er nur das Früh=

L 2

jahr und damit zugleich die Ankunft Klopstofs
aufhält. Von dieser Seite her aber kann mir
auch der heiterſte Winter nicht viel freundlicher
vorkommen, als ein anhaltender Nebel. Der be=
lebende Winter mag nun in der „Meſſiade" be=
deuten, was er will, ſo ſoll mir doch Tſcharz=
ner für dieſesmal recht haben, wenn er die be=
lebende Zeit überhaupt lieber „à la fin de l'hyver"
ſezet. Ein Frühling, der Klopſtofen bringt,
muß für mich die belebende Zeit heiſſen und ſeyn,
oder es ſoll eh kein einziger Tag in dieſem gan=
zen Jahrhundert, darinn ich lebe, ein belebender
Tag jemals genannt werden. Mein freudiges
Verlangen nach dieſem erwünſchten Frühjahr will
ich endlich den Winter über noch wohl für mich
ſelber behalten, aber hernach, wenn ich Klop=
ſtofens Ankunft einmal erlebt habe, müſſen Sie
von mir nicht verlangen, daß ich ihn ſtandhaft
verläugnen, und nur etwa für ſeinen Bruder aus=
geben ſoll. Sie kommen auch mit dieſer Ihrer
ſorgfältigen Erfindung ſchon izo zu ſpät. Schon
die vorige Woche hat mir Herr Rahn auf ei=

nem offenen Zedel einen Extrakt aus einem Briefe
von Schultheſſen zugeſendet, darinn ihm
dieſer die Herkunft des Poeten in ſeiner Beglei=
tung auf das feierlichſte ankündiget. Ich finde
es auch juſt ſo nöthig nicht, daß wir unſern hei=
ligen Dichter überall incognito hieherkommen und
hier bleiben laſſen. Wenn ich ihn recht verſtehe,
ſo verlangt er nicht ſo faſt dieſes, als aber nur
die Muſe und Stille in Ihrem Hauſe. Ihren
Freunden wenigſtens will er gar nicht unbekannt
ſeyn; und dieſe alle, die groſſen und kleinen
ſind zu klug, als daß ſie ihm auf einige Weiſe
beſchwerlich ſeyn wollten. Sie werden es bald
verſtehen, wenn Ihnen zum Exempel ihr Bod=
mer nur mit einem Wink zu verſtehen giebt:
„dieſen Tag, dieſe Woche will der Poet gern
für ſich allein haben.“ Zudem ſo werden dem
Poeten um der Mädchen willen neben Schult=
heſſen noch wohl etwan ein Paar der jüngern
Freunde nöthig ſeyn. Ich wünſche nur, daß Sie
ſo glüklich ſeyn, und die würdigſten Antiheeren,
die wir haben, für ihn auswählen können. Sind

166

diese just nicht wie Arete oder Fanny, so
glaube ich doch, es werden ihrer etliche von den
gemeinen sächsischen Hechren noch wohl so weit,
als von den Schweizerschen, unterschieden seyn.

— —   — —   — —   — —
— —   — —   — —   — —
—   —   —   —

Ihr Einfall, die übersezte griechische Ode für
ein altes Fragment aus Heraclea druken zu
lassen, gefällt mir überaus wohl. Auch das ist
ein artiges Mittel auf Unkosten gewisser Amts=
gelehrten sich ein bisgen lustig zu machen, wie
Sie schon oft gethan haben. Und Sie sind alle=
mal dabei so glüklich, daß Sie hinter der Wand
ruhig und ungesehen horchen können, was es etwa
für Streiche abseze? Breitinger wird Ihnen
am besten sagen können, wie die Aenderungen ein=
zurichten, damit das Stük desto eher einem al=
ten griechischen Monument ähnlich sehe. Wäre
es zuviel gewagt, wenn Sie dabei den Gelehrten
die Frage vorlegten, ob dieses Stük ehe für eine
wirkliche „pindarsche Ode," oder nur für

eine Nachahmung Pindars ꝛc. von irgend ei=
nem griechisch könnenden Römer zu halten seye?

Die Vernichtigung des Abbadonna wünschte
ich in der „Messiade" allein um des hohen Wun=
derbaren willen, welches in der Beschreibung ei=
nes solchen göttlichen Werkes in einem so hohen
Grad, als kaum in einem andern Stük des gan=
zen Gedichtes, hervorstechen würde. Ich kann
mir denken, dieses müßte nothwendig alle
poetischen Leser, die weichen und die harten, mit
einer solchen Entzükung einnehmen, daß sie nur
dem Poeten mit Erstaunen zuhören, und ihrer
eigenen Gemüthsart darüber vergessen würden;
besonders da ihnen von dem Abbadonna nach
seinem Tode gar nichts mehr zu denken übrig
bliebe, und also auch für ihn keine weitere Fol=
gen, weder gute noch böse, daraus könnten gezo=
gen werden. Was die poetische Wahrscheinlich=
keit angeht, so käme es da lediglich auf die Fort=
sezung der Reden und Handlungen des Abba=
donna an. Diese müßten so beschaffen seyn,

daß sie ihn beides der Seligkeit und der Ver=
dammniß je länger je unwürdiger machten, und
daß ihm der unpartheiische Leser selbst nichts an=
ders, als die Vernichtigung wünschen und prophe=
zeien könnte.

Aber auch die partheiischen Leser könnten un=
terzwischen zu dieser Erwartung füglich zubereitet
werden durch eine etwan ein paarmal am rech=
ten Ort angebrachte prophetische Ankündigung ei=
nes ganz besondern göttlichen Rathschlusses über
diesen sogar besondern Teufel, als auf welchen
Rathschluß seine Vernichtigung sich nothwendig,
gründen müßte.

Aber was die Orthodoxen zu dem allen sagen
würden? Das ist eine andere Frage. In der That
könnte ich unserm Klopstok blos um ihrentwil=
len im Ernst nicht rathen, daß er diese Parthei
ergriffe: es wäre denn, daß er sich hierüber
zuerst von Herrn D. Baumgarten ein theolo=
gisches Bedenken, und von der theologischen Fa=

fultät in Leipzig ein Gutachten ausbitten wollte,
welches aber noch viel seltsamer wäre, als die ge=
dachte poetische Dichtung selbst. Ohne das aber
müßten nothwendig die Herren Orthodoxen über=
laut „Heresie" schreien, wenn sie schon nichts an=.
ders zu sagen wüßten, als daß es eine neue Lehre.
sei. Ich meinerseits weiß wirklich noch dato
nichts, was sie anders mit Grund dawider ein=
wenden könnten, indem mir gar kein Schriftspruch
noch Glaubensartikel bekannt ist, mit welchem ich
diese neue Lehre in einen offenbaren Widerspruch
zu sezen müßte. Ich verwundere mich vielmehr,
daß in dem langen harten Streit der Orthodoxen
mit den Wiederbringungslehrern noch niemand, so=
viel mir bekannt, sich's in den Sinn kommen
laffen, als das Mittel zwischen der ewigen Se=
ligkeit und ewigen Pein der Verdammten, die
Vernichtigung derselben zu statuiren. Ich sehe
wohl, daß keine von den kriegenden Partheien
damit völlig zufrieden seyn könnte. Aber die bil=
ligere von beiden Seiten würden doch gern geste=
.hen, daß diese Meinung ungleich beßer und

chriſtlicher ſei, als die ihres Gegentheils. Wenn
ich Luſt hätte, mir in der Welt einen ſektiriſchen
Namen zu machen, ſo wollte ich izo von Stund
an dieſe Zwiſchenmeinung auf die Bahn bringen
und öffentlich behaupten. Mein Hauptſchriftort
müßte der ſeyn: Matth. 10, 23. und ich wollte
gleich noch ein halbes Duzend andere finden, die
mit dieſem übereinſtimmen müßten. Zweifeln Sie
wohl, mein Freund, daß meine Nachfolger, die
Heſſianer oder Seelenmezger oder wie man
ſie hernach immer nennen würde, inner 40.
Jahren dieſe Favoritenmeinung auf allen Blättern
der heiligen Schrift leſen würden, ſo gut als jezt
die Herren Wiederbringungslehrer die ihrige?

Aber wieder auf Klopſtoken zu kommen,
der iſt über den Punkt der Orthodoxie gar zu
delikat, als daß er ſo etwas ſektiriſches wagen
dörfte. Und vielleicht iſt es Schade, daß er ſogar delikat iſt. Vielleicht muß um deßwillen
manche unſchäzbare Schönheit aus ſeinem Gedichte
wegbleiben, die auch der kleinſte Sektirer, cœte-

ris paribus, ganz gewiß darein würde gebracht haben.
Ich würde bald sagen, kein Dichter sollte sich
unterstehen, ein theologischepisches Gedicht zu
schreiben, er hätte sich dann vorher zu einer besondern christlichen Sekte geschlagen, oder lieber
selbst eine solche gestiftet; denn einem solchen ist
aller Orten zehenmal soviel zu dichten erlaubt,
als einem, der mit Gewalt für orthodox passiren
will. Leibniz muß schon dieser Meinung gewesen seyn, da er nicht nur den berüchtigten
Petersen für den allertüchtigsten Mann gehalten, eine „Uranias" zu schreiben, sondern
demselben auch dieses Werk so angelegentlich re-
kommandirt, und ihm mit Namen wirklich ange-
rathen, in dem zwölften Buch von der „Wieder-
bringung" zu singen, ob er gleich, als hernach
das Werk zu Stande gekommen, sich dieser Lehre
im geringsten nicht weiter annehmen wollte.

Die beiden „antimessianischen Briefe" sind jezo wirklich auf dem Weg nach Winterthur. Ich habe sie dem Herrn M. R. zuge-

schift, und mich darüber so deutlich und um=
ständlich herausgelassen, daß er und W. sich jezo
nothwendig erklären müssen, ob sie die Verfasser
der Briefe seien, oder ob sie wenigstens der darinn
behaupteten Meinung sich im Ernst annehmen
wollen? Sie, mein Freund, haben den Anspruch
der Dichtkunst auf göttliche Sachen schon recht
gut behauptet. Ihre Gedanken sind vortreflich,
sie sind gründlich und reich, und verdienen wohl
noch weiter auseinander gewikelt und in ihr völ=
liges Licht gesezt zu werden. Nach meinem jezi=
gen Bedenken (denn meine Projekte über diesen
Punkt ändern sich noch bisweilen) könnte dieses
nicht besser geschehen, als wenn jemand den Ka=
rakter eines christlichen Heldendichters, ohngefehr
auf die Art, wie Simonetti seine Karakter
entworfen hat, ausführlich beschreiben wollte.
Doch damit hat es noch keine Eile. Wir wollen
nun erst, wenn wir's erleben, mit dem heiligen
Dichter selbst von denen Sachen reden. Und
wenn man uns so lange Ruhe liesse, so wäre
es wohl am besten, wir versparten die Haupt=

vertheidigung, bis er die „Meſſiade" zum Ende
gebracht hätte.

Die „Kritik über den Wohlklang der Meſſiade" habe ich auch von Herrn Schinz empfangen. Ich will ihm rathen, daß er ſie ſeinen Ber-
nern zuſchike, die ſie nöthiger haben als wir, weil
ſie ſich an dem Silbermaaß des „Meſſias" ſo
ſehr geärgert. So alltäglich ſonſt dieſe kleine
Schrift gerathen iſt, ſo behält ſie doch auch bei
mir ihren Werth, weil ſie das Lob des heiligen
Dichters auskündigt. Auch im Tempel der Dichtkunſt thun die Gibroniten, mit Holzhauen und
Waſſerſchöpfen eben ſo nöthige Dienſte als die
Prieſter, wenn ſie das Rauchwerk und das
Oel in den heiligen Lampen zurüſten und an-
zünden.

Sollten Sie es nicht für eine groſſe Ehre
halten, daß der Schall Ihres allgegenwärtigen
Ruhmes auch ſogar bis in die anakreontiſchen
Lieder ſich ausbreitet? Sie wären doch nicht übel

vergesellschaftet, wenn Sie mit allen denen Her=
ren, die Ihnen der Liederdichter zugiebt, in ei=
ner Schenke sässen, und sängen. Aber da wür=
den Sie denn gar der Mädchen und des Weines
in Liedern spotten wollen. Das wären artige
Anakreone! Was thäte wohl hierüber der schalk=
hafte Gl...? Ihre Strophen gäben ihm just den
Stoff zu einem neuen Liede, darinn er alle die
ernsthaften Sachen, die dem Menschen bei öfterer
Wiederholung ekeln, erzählte, und jede Strophe
ungefähr mit so einer Antiphona endigte:

> „Mir ekelt aufgewärmter Kohl,
> Doch nie die Mädchen und der Wein!“

Doch was thue ich? Ich mache mich selbst
lächerlich, indem ich Gl ... lehre Lieder machen,
zu einer Zeit, da ich mehr auf Predigten, als
auf Lieder zu studiren habe. Verzeihen Sie mir
diese kleine Schalkheit, und lassen mich doch nur
immer der gleichen Liebe, Freundschaft und Hoch=
achtung genießen.

Heß.

Quedlinburg den 6. Juni 1749.

Ich habe Ihnen gleich schreiben wollen, so bald ich hier angelangt seyn würde. Aber Schmidt ist mit mir gereist; wir sind bei Gleimen gewesen. Schultheißen habe ich auch hier und in Halberstadt gesprochen. Jezo bin ich allein und da schreibe ich an Sie. Morgen wird Schmidt und Gleim wieder zu mir kommen. Sie sehen eine kurze Geschichte von mannigfaltiger Freude. Wenn Sie so oft nicht zu Hause gewesen sind, als wir Ihren Namen genennt haben, so müssen Sie recht sehr vermißt worden seyn. Manchmal glaubte ich Ihren Schatten über dem Bilde des jungen lächelnden Ramders schweben zu sehen.

> Dort sah ich langsam heilige Schatten geh'n
> Nicht jene, die sich traurig von Sterbenden
> Loshüllen, nein die, welche im Schlummer
> Geistig vom göttlichen Trinken dufteten.

Wenn Sie hätten die Freude, wie einen jungen Proteus unter uns sehen sollen! Wie oft

habe ich das gewünscht? Gleimen und mir ist
Schuld gegeben worden, wir wären die verlor=
nen Schildwachen des guten Geschmakes, oder
nach Gottscheds Außspruche die poetischen
Herrenhuter, weil die dem Bloksberge so nahe
wohnten. Gleim sagte man wohne am nächsten
und könnte wohl gar, wenn die Gefahr groß wür=
de, ein Ueberläufer werden. — Warum haben
Sie mir aus ihrem „Noah" ein Geheimnis ge=
macht? Wissen Sie wohl, daß ich Sie nunmehr
noch mehr liebe? ob ich mir gleich keine Bedin=
gung vermuthet hätte, unter welcher dieses ge=
schehen könnte. Ich habe den dritten Gesang auch
schon gelesen:

> „O quoties & quanta mihi Galatea locuta est
> Partem aliquam venti divûm referatis ad aures."

Aber mit welcher zärtlichen Unruhe der Freund=
schaft muß ich Ihnen sagen, daß ich meine Reise
zu Ihnen noch aufschieben muß. Ich habe keine
Vorrede, keine Umschreibung gebrauchen wollen.
Wenn dieser Verzug Ihnen so nahe geht, als mir,

wie glüklich bin ich nicht. — Ich will Ihnen
die ganze Sache sagen, welche Hindernisse ich
beinahe ganz aus dem Wege geräumt hatte; und
welche neue (welch ein Glük für mich, daß ihnen
diese neuen so angenehm seyn werden,) meine
Reise diesen Sommer nicht zulaßen. — — Abt.
Jerusalem bot mir eine Hofmeisterstelle am
Karolino an. Die Sache schlechtweg hätte
mich nicht einen Augenblik in meinem Entschluße
wanken gemacht. Aber er wollte mir mehr Muße
(als den übrigen Hofmeistern geben,) zweitens
hatte es viel Wahrscheinlichkeit, daß ich in Braun=
schweig mein Glük und zwar nach meinem Ge=
schmak machen könnte. Ich hatte Eberts Exem=
pel vor mir; der ist mit einem guten Gehalt
Professor des Erbprinzen geworden. Die Nähe
meiner Vaterstadt und deren Freunde in Braun=
schweig, war auch von starkem Gewicht. Ich war
lange zweifelhaft, zulezt aber entschloßen zu Ih=
nen, mein liebster Bodmer zu kommen, hierauf
habe ich nun vor wenigen Tagen, einen Brief
mit dieser Nachricht bekommen. Der Herr Ba=

ron von Bernsdorf, ehemaliger Gesandter des
Königs von Dännemark in Paris, geht von Pa=
ris zurük, die Stelle eines Staatsraths in Kop=
penhagen anzunehmen. Er kehrt in Hannover
bei seinem Bruder ein, und sagt daselbst, er wolle
mir bei seinem König eine Pension auswirken,
und wenn mein „Messias“ vollendet wäre,
könnte ich eine Hofprediger= oder Professorsstelle
bekommen. Wenn ich nach Braunschweig gienge,
sollte ich mich nicht auf lange Zeit einlassen, oder
sollte mich sonst nicht weit entfernen, weil meine
Gegenwart vielleicht bald in Koppenhagen nöthig
wäre. — Ich will nur eine Hauptanmerkung
hiebei machen. Ich werde eben nicht immer in
Koppenhagen seyn müssen; und dann weiß ich
schon, wer derjenige ist, zu dem ich auf den Flü=
geln der Winde kommen werde.

Schreiben Sie ja bald an mich, mein liebster
Herr Bodmer, es ist zu meiner Ruhe nöthig
zu wissen, was Sie dazu sagen. — Ich hatte
meine Eltern und Geschwister in sieben Jahren

nicht geschehen. Denken Sie diese Freude! Meine Eltern denken mit Hochachtung und Bewunderung an Sie, und meine kleinen Brüder horchen hoch auf, und bewundern den Schall eines Namens, den sie mit dem grossen Manne begleitet hören. Und was hätte ich Ihnen nicht noch mehr zu sagen, wenn mir nicht hiebei unser vielgeliebter Herr Heß einfiele, dem ich diese Szene zu sehen wünschte. Was macht der edelgesinnte Mann? liebt er mich noch? und wie lange wird er zürnen, daß ich meine Worte so schlecht halte? Ich weiß Sie lieben mich beide noch wie ich Sie liebe.

Klopstok.

———————

Langensalz, 1749.

Mein liebster Herr Bodmer!

Wahrhaftig es ist nöthig, daß ich zu Ihnen komme, wenn ich Ihnen die ganze Heftigkeit der Freundschaft, die ich gegen Sie empfinde, ausdrüken soll. Wie ungemein edel und mannigfaltig sind alle die verschiedenen Bemühungen, die Sie meinetwegen unternehmen. Doch ich will meinen Fuß von diesem grossen Schauplaze zurükziehen. Ich müßte ein Buch voll Zärtlichkeit an Sie schreiben, wenn ich Ihnen alle Empfindungen meines Herzens gegen Sie schreiben wollte. Diese „Messiade" will ich Ihnen einmal singen, wenn ich zu Ihnen komme. Denn ich komme gewiß einmal zu Ihnen. Mein Glük mag sich wenden, wohin es will. Der kleine Klopstok, wie mich mein Schmidt immer nennt, wenn sein Herz am vollsten ist, kömmt gewiß zu Ihnen, und verdient bei Ihnen vielleicht Seufzer süsser Lust. Jezt hält mich die allmächtige Fanny zu-

rüf; aber auch Sie nur allein konnte mich zu=
rükhalten. Aber warum haben Sie meine Liebe
dem M. le Maitre und vielleicht auch dem Herrn
von Hagedorn verrathen? Warten Sie nur,
dafür will ich erst in meinem künftigen Briefe
von Fanny schreiben. Also schreibe ich erst in
meinem künftigen Brlefe von Fanny, und in
dem jezigen mache ich eine Sache mit Ihnen aus,
die auch auf's Verrathen hinausläuft. Sie ha=
ben eine Ode, wie ich gehört habe, in die F. N.
druken lassen, der ich gern erst noch ein Bißchen
von ihrem Stolze benommen hätte, und in der
wirklich auch meine Liebe schon steht. Wie wird
mir's gehen? was wird Fanny sagen! Gisele
hat mir's noch viel ärger gemacht, der hat Sie
vielleicht verführt. Er hat in das dritte Stük
der „neuen Sammlung“ — die Ode: „Wenn ich
einst todt bin“ — druken lassen. Rechtfertigen Sie
sich ja dieser wichtigen Kleinigkeiten wegen. Sie müf=
sen Sich recht weitläuftig rechtfertigen. — Hal=
ler hat mir einen Brief von einem Engländer,
Wetstein zugeschikt, worinn steht, daß dem

P. der „Meſſias" übergeben worden, daß er ihm beſonders in Betrachtung Hallers wohl aufgenommen, und daß er ſich ohne Zweifel nach dem Verfaſſer erkundigen werde. Ich habe mich nach reifen Ueberlegungen entſchloſſen ſelbſt an Glover zu ſchreiben, der bei dem P. viel gelten ſoll. Ohne die Liebe würde ich dieſen Einfall unterdrükt haben. Was halten Sie davon!

Klopſtok.

Fanny ist zu ihrem Bruder in die Messe
gereißt. Von daher erfahre ich, daß Sie an
Rabner ein Paquet an mich geschikt haben.
Im Vorbeigehen will ich nur sagen, daß Rab=
ner um die Messe gewiß zu Haus ist. Zu ei=
ner andern Zeit würde, was sie an mich schikten,
oftmals lange liegen bleiben. Demjenigen Freun=
de, zu dessen Seele der „Messias" so genau
abgemessen ist, sagen Sie, daß er besser daran
wäre, als ich, weil mir die Neuheit und die
erste Hize des Lesens gänzlich fehlte. Ein Jüng=
ling, der ein liebenswürdiges Mädchen sähe, und
es auf einmal für sich geboren fühlte, wäre glük=
licher, als die Mutter des Mädchens, die es ge=
boren und auferzogen hätte. Sagen Sie ihm
ferner, daß ich von ihm besonders zu wissen ver=
langte, ob er den Abbadonna selig ha=
ben wollte. Mit Kleistens Gedichte haben
Sie mir eine rechte Freude gemacht. Fanny

hat es auch gelesen, und es so lieb gewonnen,
daß ich Ihr das Manuskript habe schenken müssen. Die Stelle von der Nachtigall, und von
der himmlischem Doris haben meine ganze Seele
bewegt. Kleist muß nothwendig sein Gedicht
vollenden. Der König könnte wieder zu Felde
gehen. Nach dem Gedanken, daß Kleist bleiben konnte, wäre mir nichts trauriger, als die
Vorstellung, daß auch seine „Landlust" unvollen-
det wäre.

   Wie hoch ehren Sie mich, daß Sie der Evangelist meiner „Messiade" seyn wollen. Wissen
Sie aber auch, daß Sie ihre Lehre mit Wundern
werden bestätigen müssen, und gar mit keinen geringen Wundern? Sie verstehen mich, was sie
aus den deutschen breiten Köpfen machen müssen.
Wenn Sie das werden gethan haben, so werden
Sie nur halb soviel Beredsamkeit brauchen.

                                        Klopstok.

Ich habe nunmehr ihre „neuen kritiſchen Briefe“
erhalten. Fahren Sie fort mich zu unterrichten.
Es iſt mir ein ungemeines Vergnügen, mich von
Ihnen auf die Spur meiner Gedanken bringen
zu laſſen. Mit dem jungen Menſchen, auf deſſen
Angeſichte alle Szenen aus dem „Milton“ ſo
lebhaft ſich vorgeſtellt haben, ſtehe ich auch in
einiger Bekanntſchaft. Er läßt Ihnen ſagen:
„dann ſollen erſt meine Freunde — und die Engel mein Grab mit Lorbeern und Palmen um-
pflanzen.“ — Wie ſehr wünſchte ich, daß ihr
Freund den Dantes überſezte. Ich habe ſchon
lange ein groſſes Verlangen gehabt, dieſen Poeten zu leſen. Den Ceva kenne ich und ſuche
ich, ſeitdem ich Ihre poetiſchen Gemälde geleſen,
vergebens. Maria wird Even in meinem Gedichte die „Geburt und Jugend Jeſu“ erzählen.
Ich bitte mir von Ihnen und Herrn Breitinger, dem ich für die überſchikte Schrift danke,

Kritiken über meine drei ersten Gesänge aus;
ich bin entschlossen, sie mit noch zwei neuen Ge=
sängen, als einen ersten Band, auf Michaelis
druken zu lassen. Was halten Sie jezo von ih=
rem ehemaligen Vorschlag einer Subskripzion?
Und wie ist die Einrichtung derselben zu machen?
Verschiedene Buchführer liegen mir an, ihnen
die Fortsezung zu lassen. — Ich wünschte auch
von Ihnen zu erfahren, ob die Juden keine Bild=
säulen haben dürfen. Haller hat mir in die=
sem Gesichtspunkt eine Kritik wider die Bild=
säulen Hesekils gemacht: Ferner, ob es Ihnen
wahrscheinlicher ist, daß die Leiber der heiligen
zur Zeit des Todes Jesu auferstanden, oder ob
dieses erst nach seiner Auferstehung geschehen. — Ich
schike Ihnen hier eine Ode, die noch niemand,
die weder Fanny, noch ihr Bruder gesehen hat.
Ich habe sie noch vor Anfang des Jahrs ge=
macht. Sie ist oft die Gespielin meiner Ein=
samkeit gewesen. Aus dem Inhalte werden sie
leicht sehen, warum sie Fanny und Ihr Bru=
der nicht zu sehen bekommen haben. Nun wollen

Sie auch das Schiksal meiner Liebe wissen. Ich
kann Ihnen nichts weiter sagen, als daß es mir
izt wahrscheinlich vorkommt, daß ich geliebet
werde. Sie werden leicht sehen, daß bei mir
nicht wenig zu dieser Wahrscheinlichkeit gehört.
Wie glüklich wäre ich, wenn ich erst mit völliger
Gewißheit sagen könnte:

> „Wie stolz war ich sie zu gewinnen!
> Auch dieser Ruhm verewigt sich!
> Beneidet sie ihr Königinnen!
> Und Könige, beneidet mich!"

Sehr viel kömmt hierbei darauf an, daß ich
mein Glük mache. Wie groß wird izt das in mei=
nen Augen, was sonst so klein in denselben war!
Ich weiß von Ihnen gewiß, daß sie hierbei thun,
was sie thun können: Und welch ein theurer
Freund werden Sie mir dadurch!

> „Von ihr geliebet will ich dir feuriger entgegen
> rollen."

Den Engländern bekannt zu werden, kann
mir vielleicht einen Weg bahnen. Der Herr von
Hagedorn hat gemeint, ich müßte durch den

den Hof in Göttingen ein Exemplar an den Verfasser der Uebersezung aus dem Haller in „Gentlemanns Magazin" besorgen lassen. Wollten Sie wohl deswegen an Haller schreiben, doch so, daß Sie Ihren Brief nicht an mich einschlügen. Ich weiß nicht, ob ich meine Entschliessung, an Glover zu schreiben, nicht ändern werde. Bestrafen Sie mich nicht und antworten so langsam, als ich meine Antworten lange aufgeschoben habe.

Klopstok.

Dresden den 28. September 1749.

Ich seze mein leztes Schreiben heute fort, um Ihnen das Vergnügen zu bezeugen, womit ich die „neuen kritischen Briefe“ gelesen habe. Ihre Nachricht von den Minnesingern und den Arkadiern sind so nüzlich als angenehm: Die Beurtheilung des Klims, des Gressets, des Lemene, des Cava, des Trissins und anderer ist schön und gründlich: Die Erdichtung vom „Erdmännchen,“ das „Geschichtgen, der Körbgenmacher,“ und „die genezte Frau,“ der 48ste 68ste 34ste Brief, sind Meisterstüke: ja, was ist nicht von gutem Gehalt in diesem Buche, das ich vorzüglich hochschäze? Es lebe ihr Freund Eubulus! Ich schreibe ihm auch den 61sten Brief zu. Nichts ist so neu und so original, als seine glükliche Art zu denken. Das im 70sten Brief angeführte „Gedicht auf den Inselsberg“ glaube ich gelesen zu haben, kenne es aber nicht mehr. Wer ist der Verfasser? und

von wem sind die zwölf Zeilen: „Blöder Schönen" S. 491? Ich wünsche wenigen Büchern
den zweiten Theil; diesen aber nicht nur den
zweiten, sondern auch mehrere.

Aus demjenigen, was sie mir von dem Urtheile
des Königs von Preussen über „Crebillons
Katilina" melden, sehe ich, daß Sie den
Brief gelesen, welchen er, unter'm 8ten Februar
dieses Jahres an Voltairen geschrieben.
Wissen Sie aber auch daß Seine Majestät, NB.
unter eben demselben Dato, folgendes
an Crebillon selbst abgelassen haben?

„Monſieur."

„J' ai recû Vôtre Lettre & Vôtre Tragédie de
Catilina." Elle a juſtifié toute l'impatience, que
j'avois de l'applaudir. Les portraits en ſont bien
peints, finis & frappés à ce coin de perfection & de
juſteſſe, qui vous caractériſent ſi particuliérement. La
verſification eſt par-tout belle, mâle, ſoutenüe &

il-y-a je ne fai combien de vers qui forment des fen-
timents à retenir, à graver , & qui vont à la poftérité
avec la reputation fi bien meritée de leur auteur, Je
fuis extrémement fenfible à l'attention que vous avés
bien voulir marquer en m'envoyant ce bel ouvrage.
Je vous en fuis, mes complimens & vous prie d'être
perfuadi de mon eftime & de mon admiration."

„Potsdam le 8. Febr. 1749."

„Vôtre affectioné
Frédéric."

Man fieht hieraus, daß Seine Majeftät in
einem Tage unterfchiedener Meinung in Anfe-
hung des „Katilina" gewefen find, oder an
den Verfaffer,· als der erfte Hofmann feines
Reichs, an Voltairen aber, als der erfte Kritikus deffelben gefchrieben haben. Seitdem ich die
„Oeuvres de Théatre de Mr. de Saintfoix" und
feine profaifche „Zeloide, Tragédie en un Acte"
gelefen , werde ich in meinem Gedanken geftärkt,
daß viele Trauerfpiele fchöner und rührender feyn

würden, wenn ihre Verfasser (alle Gefahr, den
Zuhörer einzuschläfern und erkalten zu lassen,
besser zu vermeiden) sich der Freiheit, die man
der Komödie, aber, ohne Grund, ihr allein ein=
räumt, klüglich anmaaßten, und alles, nicht in
die gewöhnlichen fünf sondern in drei Aufzüge ein=
schränkten. Er würde dadurch, wie ich glaube,
gewinnen, und das Ueberflüssige würde in den
engen Raum sich seltener einschleichen. Die
„Zeloide“ rührt in ihrem einzigen Akt so stark,
als wann sie in fünf sich ausgebreitet hätte.

Könnten sie mir nicht, aus Venedig, die
„Lettere des Jac: Bonfadio,“ neuester Ausgabe,
„le Commedie di P. Tesentio, tradotti in versi
sciolti da Niccolo Fortiguerri 1748. 8.“ und
dessen, unter dem Namen, „Niccolo Cartero=
maco,“ herausgegebenes Gedicht, „Ricciardet=
to,“ gegen Ostern, durch einen ihrer Korre=
spondenten, verschaffen? Sie würden mich dadurch
innigst verbinden.

Simonetti, der niemanden liebt, als

Seine Hochehrwürden selbst, feindet auch Hal=
lern an, und wünschte, ihn zu verkleinern.
Aber „oratione di cane non giunge al Cielo.‟ Er
hat ihn heftig in der „Berlinischen gelehrten Zei=
tung‟ angegriffen, ist aber, in der „Göttingi=
schen,‟ hinlänglich heimgeleuchtet worden. Wie
heilig und unsträflich sonst dieser Lehrer ist, wer=
den Sie wissen, oder, ohne grosse Mühe, er=
fahren können.

Ich sende Ihnen zwei kleine Gedichte von
Herrn Klopstok, welche Sie vielleicht noch nicht
gesehen haben. Sie können ihn nicht höher schä=
zen als ich. Ich sage mit Ihnen:

„Mit Miltons Geiste scheint Klopstok's
durchwebt. ‟

Noch habe ich von ihm keine Antwort auf
mein leztes Schreiben, in welchem ich ihm gera=
then, durch Hallern dem Herrn Grosvogt
von Münchhausen sich empfehlen zu lassen, weil
niemand in Deutschland ihn besser versorgen und

befördern kann, als der. In dieser Messe wer=
de ich wohl von ihm einen Brief bekommen. Ich
sehe der Fortsezung seines „Messias" mit vie=
lem Verlangen entgegen. In den „Zürchischen
freimüthigen Nachrichten" ist er hinlänglich, in
Ansehung der Versart, gerechtfertiget worden.
Einer meiner Bekannten übersezt aus dem „Maf=
fei," was er vor seiner Uebersezung des ersten
Buchs der „Ilias" zur Vertheidigung der un=
gereimten Zeilen und des Hexameters so gründ=
lich angeführt. Die Absicht der Uebersezung ist,
solche für den „homerischen Klopstok" zu ge=
brauchen, und einmal diese Materie zu unter=
suchen. Ich bedarf keiner weitern Ueberzeugung.
Ich schenke einem Dichter, der mir etwas rechtes
zu sagen hat, den Reim sehr gerne: aber ich
fodere von ihm eine strenge Beobachtung des
Sylbenmaaßes, überhaupt und in einzelnen Wör=
tern, und mir ist's lieb, daß Herr Klopstok
seine Wörter so glüklich zu ordnen, und ihnen
diejenige Richtung zu geben weiß, die Homer
meisterlich beobachtet, die weiter gehet, als das,

dem unverwöhnten und gesunden Gehöre gemässe
und so empfindliche Sylbenmaaß und dasjenige
ausmacht, was Pope, im sechsten „Brief an
Walsch a Style of sound" nennet, wo er davon einige Regeln angiebt. Doch sie können davon
besser urtheilen als ich. Mich deucht, daß einige Aufsäze, die in den „freimüthigen Nachrichten" stehen, um bekannter und nützlicher zu werden, den „neuen kritischen Briefen" hätten bei-
gefügt werden können. Z. E. was den „Messias" betrift 2c.

———

Sollte für, oder wider den, eines bessern
Schiksals so würdigen, Henzi etwas herauskommen, daraus erhellte, welcher Verbrechen man
ihn und seine Anhänger beschuldiget; so würde
ich solches mit desto grösserem Vergnügen, auch
daher lesen, weil die Geschichte von Rebellionen
mich immer aufmerksamer gemacht, als die Ta-
gebücher von Friedensgeschäften, von öffentlichen
Geprängen, Krönungen, Huldigungen, Salbun-
gen u. s. w. obgleich, einige Friedensschlüsse be-

dächtlich ausgenommen, in allen solchen Verzeich=
nissen mehr Unschuld, Wohlfahrt, und insonder=
heit Ordnung wahrgenommen wird, als in den
so verantwortlichen und gefährlichen Geheimnissen
der Konspirazionen, die, wie alles, vom Pöbel
aus dem Erfolg beurtheilet werden. Aber ich
finde, daß, wider alles Vermuthen, ich in einen
gleichsam dogmatischen Styl gerathen bin. Es
ist Zeit abzubrechen.

Hagedorn.

N. S.

Unter die Umarmungen, welche Sie ihrem
Freunde Philokles geben, bitte ich auch, ab=
seiten meiner, eine der zärtlichsten zu mischen,
und ihn meiner Ergebenheit zu versichern.

Izo lese und bethräne ich die „Klarisse,“
welche wir dem Verfasser der „Pamela“ zu
danken haben. Dieses Buch muß ganz, oder gar
nicht, gelesen werden. Es enthält alles, was
die Tugend verehren und das Laster verabscheuen,

und beklagen lehret. Beide sind darinnen auf's
höchste getrieben. In der bürgerlichen Welt ge=
hen beide lang nicht so weit: aber dergleichen
ausserordentliche Rollen werden auf grössern Schau=
bühnen möglich und wirklich: auf kleinern ver=
bleiben sie idealisch. Ein gemeiner Leser wird
also schwerlich von allen den Regungen bemei=
stert, welche Richardson zu erwecken suchet,
und begreift höchstens nur die Wahrscheinlichkeit
eines solchen Karakters, als dem eigennuzigen
Bruder, der neidischen Schwester der Klarissa
und dem reichen Solmes ꝛc. beigelegt werden.
Eine Howe, ein Lovelac ꝛc. sind ihm fast
unbegreiflich. Die Sprache so unterschiedner Af=
fekten wird sehr glüklich ren Anfang bis zu Ende
beobachtet. Es besteht das Buch aus 7. Theilen.

Wollen sie noch immer dem D. Triller
und andern den Gefallen thun, daß Sie, oder
Herr Breitinger, dem ich mich empfehle,
den „Opiz" so liegen lassen?

Dresden, 1750.

Ihr mir höchstangenehmes Schreiben vom No=
vember und Dezember vorigen Jahres, nebst den
„italienischen Komödien" habe ich nach Abgang
meines lezten Briefes, folglich sehr spät, und
das vom 6ten Mai am 7. Juni, empfangen.
Für alles, was sie mir von dem Herrn König,
den „Antimiltonianern" in Bern, dem un=
glüklichen Henzi, und dem Einritt des lobsin=
genden Sp. in Bern vertraulich melden, inson=
derheit aber für die Reise nach Gäs, bin und
bleibe ich ihnen schuldigst verbunden. Ich glaube
nicht, so ungetreu mir auch mein Gedächtnis zu
seyn pflegt, daß mir von dieser Reise der ge=
ringste Umstand entfallen wird, und ich finde dar=
an nichts auszusezen, als daß ich sie nicht zu
ihrem Freunde dahin begleiten, mit ihnen den
Gaberius besteigen, den Schluß des Horizonts
der allgöwischen Gebirge und die dortige Eröf=
nung des anmuthigen Rheinthales, mit bewun=

dernder Freude, betrachten, und auf die Gesundheit des freien Landmanns, vielleicht auch
der schamhaften Jungfer in der Senn-
hütte die Molken trinken können. Ihre Beschreibung aller dieser Ergözungen rühret mich ungemein, und wie oft habe ich nicht gewünschet,
einen Frühling und Sommer in der Schweiz
durchleben zu können, in den malerischen Gegenden, die ich einigermaaßen, aus dem Scheu-
zer kennen und lieben gelernet, unter freien und
tapfern Männern, in gesunder Luft, an heilsa-
men Wassern, zwischen hohen Bäumen und Bergen, unter freien Landmännern, „oblitus meorum,
oblivifcendus & illis," und nur mit Ihnen und ihren Freunden, einem Breitinger, einem Zel-
wäger, einem Ziegler, einem Zimmermann, einem Waser, einem Knüslein, in
Zürch oder in Winterthur und den nachbarlichen,
Höhen und Thälern vergesellschaftet! Denn alle
diese rechtschaffenen Männer hat mich der Herr
Schultheiß schon so sehr schäzen gelehrt, daß
auch ich, more Germanorum, obwohl ohne Stamm-

buch, eine gelehrte Ungeduld dahin bringen wür=
de, die Gesichter zu sehen und die Stimmen zu
hören, deren Besizer so hochachtungswürdige
Männer und zugleich Freunde eines mir so wer=
then Bodmers sind.

Was den Herrn Schultheiß besonders be=
trifft, so ist es mir kein geringes Vergnügen ge=
wesen, ihn kennen zu lernen, und ihn um vieles,
das sie angehet, freundschaftlich befragen zu kön=
nen; und diesen meinen Vorwiz, welchen Sie
selbst mir in Ihrem Schreiben, zu erlauben, be=
liebet, haben hernach auch den Herrn D. Lavater
und den Herrn Gesner, womit ich nicht we=
nige Stunden zugebracht, befriedigen müssen.
Diese haben sich einige Wochen hier aufgehalten,
und Hamburg hat ihnen gefallen. Ich habe un=
gern gesehen, daß Herr Schultheiß nicht län=
ger hier verblieben ist. Gelehrte von seinen
rühmlichen Eigenschaften kommen uns immer zu
früh aus den Augen und andern immer zu spät.
Doch hat die Kürze seines Hierseyns nicht gehin=

dert, daß wir uns nicht mit offenherzigstem Zu=
trauen sollten haben kennen lernen: ich aber hätte
mir gerne einen weit längern Umgang mit ihm
gewünschet. Ich bitte ihn meiner vollkommenen
und unveränderlichen Ergebenheit zu versichern.

Nunmehr hat Herr Klopstok das beneie=
denswerthe Glük gehabt, sie zu sehen. „O qui com=
plexus & gaudia quanta!“ Ehegestern habe ich ver=
nommen, daß der König von Dännemark ihn mit
einem jährlichen Gehalt von 400. Thalern be=
gnadiget. Dieses verursachet mir und allen meie=
nen Freunden die größte Freude. Gehet er, wie
gemuthmaaßet wird, nach Koppenhagen; so
kommt er auf Hamburg zu: er bringet mir neue
Nachrichten von Ihnen, ich werde mit dem Ver=
fasser des „Messias“ bekannt, ich sehe ihn
versorgt und glüklich. Wie schön werde ich den
so erwünschten Tag finden! Ist es möglich, daß,
wie der brave Herr Verfasser Sulzer mir aus
Berlin, unterm 25. Mai, meldet, ein sonst so
sinnreicher und erleuchteter Maupertuis den

„Meſſias," von deſſen erſten zweien Geſängen man ihm eine franzöſiſche Ueberſezung zu leſen ge= geben, für eine bloſſe Nachahmung des „Mil= tons" angeſehen? Daß ſollte unerlaubt ſeyn.

Nach der bequemen Unordnung, deren ich mich ſo ſehr in meinen vertrauteſten Briefen, als in meinen freundſchaftlichſten Geſprächen, be= diene, komme ich izo auf den „Noah." Nur von Ihnen begreife ich, daß Sie in ſo kurzer Zeit ſo vielen ausnehmenden Gedanken, Karaktern, poetiſchen Mahlereien und Ausdrüken eine in der ſchönſten Mannigfaltigkeit ſo gleiche, einſtimmige und ausführliche Bildung geben können. Ich finde auch, daß ſie recht gethan, dem „Mil= ton" zu folgen, deſſen Paradieſe zwar alle we= ſentliche Schönheiten der epiſchen Schreibart be= ſizen, aber, um von den halben Kennern dieſer Poeſie, in Anſehung einzeler Stüke und Frei= heiten weder angefochten, noch mit dem Homer und Virgil in widrige Vergleichung gezogen zu werden, von ihm nicht „epiſche Gedichte," ſon=

dern nur Gedichte genannt worden sind. Auch
sind solche Werke nicht blosserdings aus einem
„Bossu" und nach den angenommenen Regeln
zu beurtheilen, zu tadeln oder zu rechtfertigen:
ja es ist noch unausgemacht, ob die Einschrän=
kungen, welcher man die tragischen Skribenten
gewöhnlich unterwirft, die daher auch einen en=
geren Umfang von sich haben, als die „epischen,"
wirklich in der Natur gegründet sind. Doch die=
ses will ich nicht entscheiden: ich weiß aber, oder
glaube zu wissen, daß, wann ich den Karakter
der Verliebten übersehen wollte, den man in wel=
schen Opern so unentbehrlich und reizend finden
darf, ein Metastasio in gewissen Opern von
den gewöhnlichen drei Handlungen so vollständige
umbündige Tragödien, die nur, wie diese nicht,
singbar sind, geliefert hat, als der stolzeste Tra=
gödienschreiber in seinen fünf regelmässigen Hand=
lungen. Ich wüßte nicht, ich, der Kleinste un=
ter den Kunstrichtern, was an dem reichen Plan,
den sie vom „Noah" gemacht haben, zu ver=
ändern wäre! Ohne zu verkünsteln, was die freie

Kräfte ihrer Einbildungskraft an eigenen, neuen
und starken Erfindungen edel und einnehmend
hervorbringen und darstellen wird. Wenigstens
urtheile ich so nach meiner Einsicht und Empfin=
dung. „Quand une lecture vous éleve l'esprit &
qu'elle vous inspire de sentimens nobles & courageux,
ne cherchés pas une autre regle de main d'ouvries,"
sagt La Bruyere. Sind Gedichte von so weiter
Absicht, daß sie das menschliche Geschlecht und
die Herzen aller Leser rühren, lenken und bessern
sollen, nur nach der in so vielen Zweifeln steken=
den Kenntniß der Gelehrten, und nur von diesen
zu beurtheilen? Dieses Vorrecht räume ich ihnen
sehr oft; aber nicht immer, ein. Die Meister=
stüke sind nicht die Frucht ihrer Regeln allein.
Das bekenne ich mit Ueberzeugung, und um so
dreister, als ich selbst mich von dem Joche der
Grundgeseze des Geschmaks nie zu befreien ge=
wünschet, zugleich aber auch von solchen Grundge=
sezen, die aus dem Exempel der besten Muster
erhellen, die andern Vorschriften und Ordnungen
sehr unterschieden habe. Nur so höret dieses

Joch auf eine Bürde zu seyn, und der wahren
Kunst ist nichts so ähnlich, als die Natur.
Die wird ein B o d m e r gewiß, in seinem Werke,
nicht verfehlen.

Ich hoffe, sie werden sich durch einige ungünstige Urtheile solcher Rezensenten nicht irre machen lassen, die in der That solcher Art Gedichte
noch zur Zeit nicht gewohnt sind. Nicht wenige
Leser, die ich kenne, sind anderer Meinung.
Wer kann alle oder die meisten vereinigen? Die
Zeit. Ihr ist zuzuschreiben, daß endlich M i l-
t o n einem jeden, der nicht lächerlich seyn will,
wenigstens in England gefallen muß. „Citius inter
horologia quam auctores conveniet.‟ Einem Franzosen wird schon der Name „N o a h‟ mißfallen,
wann er ihn nicht in einem Liede vom Wein findet, noch mehr ein langes Gedicht von patriarchischen Fürsten und Helden, voller morgenländi-
scher Namen, voller Wunder und Freiheit: von
der Versart nichts zu gedenken. So urtheilen
auch noch izt andere. Warum!

„Blz ist ihr bester Verstand, und solche göttliche Reden
Sind unverständliches Zeug in ihrem verwöhnten Ge=
schmake."

Nur will ich, nach der mir ertheilten Erlaub=
niß, darüber noch meinen überflüssigen Beifall be=
zeugen, daß Sie mir melden, wie Sie gesonnen
sind, die etwa, hier oder dort, vorkommende
Härtigkeit des Metri zu heben, um auch dem
Gehöre ihrer Leser nicht anstössig zu seyn; indem
freilich dem Verse sein natürlicher Schwung er=
halten werden muß, da auch eine wohlgerathene
Prose nicht übellautend seyn darf, und in dem
Gedichte so viele wohlklingende Zeilen sich merklich
und gefällig machen, als:

„Wetterleuchtendes Blizen der Wagen und schwirrender
Schwester.
Schön war ihr Mund, bezaubernd die Töne, der In=
halt verderblich.
Blinkende Waffen und wehende Fahnen und eherne
Mäzen.
Freunde der Ehrfurcht für Gott und für die gesellige
Tugend."

Ferner könnte ich mir einfallen lassen, daß,
bei einer Ausgabe des ganzen Werks, es wohl

nicht unnöthig wäre, eine kurze Erklärung der
Namen der Länder, Städte und gewiſſer Perſonen
hinzuzufügen, die in dem Gedichte vorkommen,
und den meiſten Leſern, denn für welche ſchreiben
ſie nicht? unbekannt ſind. Solche Anzeigen fin=
den ſich in der prächtigen und koſtbaren Auflage
des „Miltons,“ die D. Newton ohnlängſt
in zweien Quartanten an das Licht geſtellt; und
dem Ruhm des Dichters nicht zu ſchaden geglaubt
hat, die Stellen anzuzeigen, deren er aus an=
dern Dichtern eingedenk geweſen iſt. Daher ich
auch nicht undienlich zu ſeyn erachte, daß, Klüg=
lern zuvorzukommen, Sie eben ſo verführen, und
z. E. bei der rührenden Stelle im zweiten Ge=
ſange. „Was iſt dieß Leben? ꝛc.“ „Dieſes Leben
hat Werth. ꝛc.“ Die dritte Nacht des „Com-
plaint or Night — Thoughts“ p. 108. ſeq. nicht un=
erwähnt ließen: denn ihre Nachahmungen ſind
Verbeſſerungen, wie Miltons ſeine. Ich
könnte, da ich kritiſiren ſoll, noch erinnern: daß
in der Zeile:

„Loton und Lotus und Mahl; und Cacao, Coens und Arak.“

der Araf keine Stelle unter den Früchten
des Erdreichs und des Waldes behaupten kann,
weil er ein Saft ist, der aus dem Cocußbaume
oder aus Reis gezogen wird: daß mir „der wie=
hernde Blik der Wolluſt,“ an deſſen Stelle ja
Kuf ſtehen könnte, etwas anſtöſſig iſt, nicht aber
„der denkende Blik 3. p. 38.“ Da hinge=
gen andern nicht gnugſam gefallen will: daß S.
9. der Zuſäze und Verbeſſerungen zerfleiſchte
keinen Plaz finden konnte, da zerſpielte zwei=
deutig iſt und nicht von zerſpielten her=
kommt, ſondern von zerſpalte:

„Das er den Bauch ſich damit durch einen Kreuzhieb
zerſpielte.“
und, endlich, daß in der Zeile 2. p. 113.
„Tauſend Paar Elephanten in Kommte von Ele=
fen geſpannet,“

dieſes leicht zu erſezende Wort Kommte ſo
vielen ganz unbekannt iſt, daß man dafür wohl
ein anderes einſchalten könnte. Das ſind alles
Kleinigkeiten, die ich erinnern kann, da Sie ſelbſt
mir den Tadel anbefohlen haben.

. Sie finden mich, gegen meinen Willen, hie=
rinnen so Gehorsam, als ich in Verfertigung
des „Falken" gewesen bin. „Ut ita magis credas
cetera mihi placere, si quædam displicuisse cogno-
veris."

:

In Ansehung des Barufaldi hat mich das
neue des bewußten Gedankens geblendet gehabt:
izo aber bin ich gänzlich ihrer Meinung.

Ich weiß nicht, warum Sie das schöne Schä=
ferspiel „Cimon," das so angenehm und so
original ist, noch nicht durch den Druk bekannt
gemacht haben. Vielleicht haben sie die „Ata=
lanta," welche sie so hoch schäzen, wie ich,
nicht auf eine unbarmherzige Art beschämen wol=
len. Ihr Verfasser hat Ursache Ihnen verbunden
zu seyn, wenn er anders unpartheiisch seyn kann.

Ich bin bedacht und schuldig, die mir gütigst
gesandten italienischen Komödien mit englischen
Schriften möglichst zu erwiedern, und, da Sie,

mir zu noch mehreren von jenen Hofnung ma=
chen, die den G i g l i und F a g i o l i zu Verfaſ=
ſern haben! ſo muß ich geſtehen, daß ich den lez=
ten nur aus der „P. I. Tomi II. der memorabilium
Italorum eruditione præſtantium‘‘ des L a m i kenne,
aber aus dem T. I. p. 152. 153. dieſes Buches wahr=
nehme, daß des G i g l i berühmteſte Luſtspiele ſind:
„Amor laurea magiſtrali inſignitus , Litigarchus , In-
ſanus nuus alium curat, D o m i n u s P i l o , Pilencina,
Sorocula und Amor inter impoſſibilia‘‘ ſind, deren
italieniſche Namen ich nicht alle zu errathen weiß.
L a m i legt ihm ſal Plautinum bei, und er muß,
nach allen Umſtänden, zur Satyre gleichſam ge=
boren geweſen und angenehm zu leſen ſeyn, wenn
ſeine Hechelſcherze nicht, wie ſo vieler ſeiner Lan=
desleute ihre, in Grobheiten und Zoten ausarten.
Ereignet ſich mit der Zeit eine Gelegenheit, ſeine
Komödien, inſonderheit der aus dem L a m i an=
geführten, habhaft zu werden, ſo wäre ich Ihnen
dafür gewiß verbunden. Es iſt Schande, daß von
M o l i e r e n entweder keine beſſern italieniſche
Ueberſezung, als des C a ſt e l l i ſeine, die ich be=

fíße, heraus, oder wenigstens uns Ultramontanern
nicht bekannt ist. Der „Terentius" soll
aber unlängst ins italienische sehr schön über=
seßt seyn. Wäre dieses; so möchte ich mir eine
Nachricht davon ausbitten.

In Erwartung mehrerer englischer Bücher,
habe ich die Ehre, Ihnen hiemit die „Essays"
des Hume zu senden. Sie beweisen das Glük
eines vernünftigen Skribenten, der frei denken
darf, und sind, da der Verfasser nur für Ken=
ner schreibt, um so mehr würdig, in dem eng=
lischen Fache ihrer Bibliothek eine Stelle einzu=
nehmen. Auch diejenigen, die mit seiner Frei=
heit und gewissen Säzen nicht zufrieden sind,
loben die Mässiggung und Wahrhaftigkeit, womit
er den Karakter des berühmten Walpole, nach=
herigen Carls of Oxford, meisterlich entworfen
hat. Ich bitte, mir zu entdeken, welche Art
Schriften, die ich schaffen kann, Ihnen vor andern
angenehm seyn würden.

D 2

Wegen meiner „moralischen Gedichte" will ich noch erwähnen, daß ich, in Popens allgemeinem Gebete, das „Jehovah, Jove or Lord" nicht wörtlich überſezen wollen: so wohl, weil izo ſolches nicht mehr gelten könnte, da kein Jupiter mehr verehret wird, „Gott dem alle Götter weichen," das erſte Weſen, man mag es genannt haben, wie man will, ausdrükt, und dieſer Ausdruk meines Erachtens, dem Karakter nach, dieſes Gebet noch heutiges Tags allgemein machet, als weil ich auch einiger Gottesgelahrten gewiſſen Wiederſpruch mir nicht zuziehen wollen. Anfangs hatte ich geſezt: „Zevs der Heiden, Herr der Chriſten." Aber, auf Anrathen meiner Freunde, habe ich mich begnügen laſſen, nur den Hauptbegrif beizubehalten: doch möchte ich gerne wiſſen, was Sie davon urtheilen.

Aber an allen meinen Gedichten iſt der deutſchen Welt nicht ſo viel gelegen, als an der Fortſezung der zürchiſchen Ausgabe des „Opiz."

Hier habe ich vergebliche Versuche gethan, dazu
einen Verleger zu finden: obwohl auch der unge=
lehrteste begreifet und gestehet, daß man mit fer=
nerem Druke eines so nüzlichen Buchs Beifall
und Dank verdienen würde. So ist es mit der
von der Handlung fast unzertrennlichen Eigennü=
zigkeit auch hier beschaffen, daß nur der baldig=
ste Absaz und Gewinn, so gewiß und unausbleib=
lich er sonst auch sein würde, die Verleger bewe=
gen kann, ein an sich so schäzbares Werk zu
übernehmen, das daher nicht so geschwinde sich
verkaufen lässet, weil die halben Kenner sich be=
reits mit der Trillerischen unzuverlässigen
und übereilten Ausgabe versehen: obwohl auch
diese nicht so abgehet, wie der Verleger gewün=
schet hat. Kann die Fortsezung der Schweizeri=
schen in Deutschland zu Stande gebracht werden,
so müßte es, wie es mir scheint, in Berlin, durch
Vermittelung des Herrn Sulzers geschehen,
und zween Buchhändler sich zu gleichem Vorschusse
und Gewinn vereinbarn.

Hagedorn.

Dresden, den 21. September 1750.

Ich lese ein Schreiben aus Paris, das einer meiner Freunde heute empfangen hat, und daraus ich Ihnen folgendes melden will. (Sie werden wissen daß die Feinde des alten Crebillons ausgeben, sein Bruder, ein Abbé Crebillon, habe die Tragödien verfertiget, die jenem die meiste Ehre gebracht. Das glaube ich nicht, weil dieser todt ist, und viele den „Catilina" unter der Arbeit des alten Crebillons gleichsam wachsen gesehen haben, und man weiß, in wie weniger Zeit er, nach des Bruders Tode, den „Xerxes" verfasset hat.)

Der junge Crebillon hat wider des Vaters Willen eine Engländerinn geheurathet, und diese Ehe hat den Vater zu einem grossen Unwillen bewogen. Beide finden sich, ich weiß nicht wo, in Gesellschaft. Der Vater kann den Zorn, wenigstens in Mienen nicht bergen, schweigt aber

lange, bis er endlich plöslich seinem Eifer Luft
giebt und sagt: „Je me repens d'avoir fait, deux
choses . . .“ „et quelles?“ fragt man. Der alte Poet
antwortet auf's verdrüßlichste: „Pyrrhus & mon fils.“
Der Sohn war in der Nähe und höret ganz
deutlich diese ungünstige Erklärung. Sogleich
neigt er sich, als ob er einen Segen empfangen
hätte, und dafür, wie ein Jakob danken wollte,
und sagt zum Vater: „Consolez vous, mon cher pere;
on ne met pour vôtre compte, ni l'un ni l'autre.“

Robag, ein, vielleicht nach Verdienst, un=
bekannter Dichter, der Verse schreibt oder ge=
schrieben hat, „qui se sentoient des lieux que fré-
quentoit l'auteur,“ hatte ein „Gedicht von der verole“
verfertiget. Er lieset mit heischrer Stimme sol=
ches dem Biron vor. Als er damit zu Ende
ist, sagt dieser: „Monsieur, vous me parvissés bien
rempli de vôtre sujet.“

Hageborn.

Sie sehen und werden hoffentlich verzeihen,
daß ich meine Gedanken so geschwinde und un-
förmlich izo hinschreibe, als sie mir unter meinen Geschäften und Zerstreuungen, einfallen,
recht so, wie ich sie sagen würde, ja vielleicht
unordentlicher und schlechter, wann ich die Ehre
hätte, mit Ihnen zu sprechen.

Ich suche selten plinianische Briefe zu
schreiben, zumal an einen Herzensfreund, dem allein
bekannt werden muß, was ich mit flüchtiger Feder
nur für ihn entwerfe. Haben sie nicht den „Frühling“ das mahlerische und angenehme Gedicht, mit
ausserordentlichem Vergnügen gelesen? Doch daran
zweifle ich nicht. Nur ist mir die Freiheit, womit er die Berge „Brüste der Natur“ nennt,
zuweilen etwas anstössig und zu italienisch: zuweilen aber auch nicht. Wie würde Brokes
sich an dem „Frühling“ vor vielen Lesern ergözet

haben! Ich wollte, es hätte der König von Preuſ-
ſen einen Theil der Gnadengelder, die er dem
reichen Voltaire zu gewandt, dem Herrn von
Kleiſt beigelegt! Aber er hat von der deutſchen
Sprache ganz unverdiente Vorurtheile, wovon
viele Beweiſe vorhanden ſind, unter andern eine
Stelle in der „Suite der Hiſtorie de Brandenbourg.‟
Die lezten kleinen Verſe, welche Voltaire in
Berlin gemacht, ſind nichts weniger als Meiſter-
ſtüke, und mehr der Zeit gemäß, in welcher er
noch Mr. Arouet hieß, als ſeiner izigen. Mr.
d'Arnauld, der ein Mitglied der berliniſchen So-
zietät iſt, weiſet Verſe, die ich nicht gemacht
haben mögte: gleichwohl hat er das Glük, dort
für einen treflichen Dichter gehalten zu werden.

Ich beſchwöre ſie, den „Cimon‟ an das
Licht treten zu laſſen, und ich würde nur einem
Triller erlauben, ihn nicht ſchön zu finden.
Von mir ſelbſt habe ich dieſem langen Briefe
nichts hinzuzufügen. Der Herr Schultheiß
wird ihnen mich hinlänglich abgeſchildert haben,

Ich habe mich ihm gezeigt, wie ich bin; und es fällt mir schwer, mich anders zu zeigen. Dem Montagne bin ich wenigstens darinnen ähnlich, ob ich gleich in diesem Jahrhunderte es nicht für rathsam erachte, so oft und so viel von mir zu reden, als er gethan hat: wofür ich ihm aber sehr danke. Ich habe mich gefreuet, daß Schurz- fleisch, von dem ich es nicht vermuthet hätte, ihn so ungemein hochgeschätzet hat. Charron schreibt schon etwas professormässig, und rührt mich weniger. Ich finde, daß ich viel von des Montagne's Fehlern habe, welche ich gegen seine Vollkommenheiten gern vertauschen möchte. Es giebt Stunden, darinnen ich mir seine Ent- fernung von Geschäften wünsche, und seine Muse mehr beneide, als seine „römischen Bürgerrechte." Nur in solchen Umständen könnte ich vielleicht noch in die Versuchung fallen, mehr zu schreiben, und von ganz anderen Materien, als bisher geschehen.

Hagedorn.

Tübingen, den 19. Jan. 1751.

Ich danke Ihnen gehorsamst vor die über-
schikten Schriften, welche mir zwar zum Theil
aus Auszügen und Zeitungen bekannt, aber selbst
nie zu Gesicht gekommen waren. Die Monatschrift „Crito," welche hier gar nicht gesehen
wird, hat mir der Absicht, Einrichtung und Ausführung nach sehr wohl gefallen. Doch scheinen
mir die Herrn Verfasser zuweilen zu streng im
Urtheilen. So haben sie zum Exempel den Herrn
von Hohorst in der Rezension seiner Ode sehr
wenig geschonet. Es scheint unmöglich, daß der
Herr Hauptmann des geworbenen Regiments
nicht darüber böse werden sollte. Wenn ich in
zwanzig oder dreißig Jahren einen kunstrichterli-
chen Schriftsteller abgeben sollte, so würde ich
nie grosse Geister scharf beurtheilen, mit kleinen
und elenden aber säuberlich verfahren. Ueberhaupt würde ich so tadeln, daß es den Verfasser
so wenig als möglich schmerzen könnte, und loben,

daß man sehe, daß ich auch tadeln könne. Das
Lob welches dem „Lobgesang auf die Liebe" da=
rinn beigelegt worden, gehört eigentlich der vor=
treflichen Diotima, die den Dichter eine so
erhabene Art zu lieben gelehrt hat. Ohne dieses
würde er vielleicht nur ein tibullisches Lied
gesungen haben. — —

Bei dem tibullischen Liebe fällt mir die
Kritik bei, die der Crito über die „scharmante
Elegie" im zweiten Band der „vermischten Schrif=
ten" von den Verfassern der „bremischen Beiträge"
macht. Er tadelt, und zwar scharf genug die
Sittenlehre desselben, aber, wie mich deucht,
ohne Recht. Die hauptsächlich getadelte Stelle
läßt sich gar wohl retten. Ein „solcher Kuß 2c."
wie der Dichter beschreibt, ist nach meiner gerin=
gen Meinung allerdings süsser und angenehmer,
als eine lange Unsterblichkeit unsers Namens, die
mit Nachtwachen und tiefsinnigen Arbeiten er=
kauft wird. Eben so müssen auch die folgenden
Verse verstanden werden. Wer diese so streng

geahndete Stelle mit einigen Strophen aus „Klopstoks Ode auf die Fahrt am Zürcher-see" vergleichet, wird die grosse Aehnlichkeit der Gedanken leicht einsehen. Und gesezt, der Gedanke wäre unrichtig; muß denn ein Dichter allemal philosophisch wahr denken? Ist es nicht genug, wenn seine Außsprüche von einer Seite her betrachtet, den Schein der Wahrheit haben? Ich bin in allen Formen böse auf einen cato-nischen Kritikus eines Gedichts, welches ich schon so oft mit Entzükung gelesen habe. Welche Schönheit? Welch ein Adel der Gedanken? Welch eine Liebe, die darinn geschildert wird? Ich glaube noch immer, daß diese Elegie von Klop-stoken ist. Das einige, das ich an ihr aus-seze, ist, daß der Dichter sie ein tibullisches Lied nennt; er verstehet zwar darunter nur eine zärtliche Elegie von Liebe; aber welch ein Unter-schied zwischen Tibullens Liedern und den sei-nigen? Werden sie nicht ungedultig, daß ich sie so lange von dieser Sache unterhalte, die mir recht angelegen ist. Ich werde mich nicht eher

mit dem Herrn Crito verſöhnen, biß er in ei=
nem der künftigen Stüke wegen dieſer Elegie eine
Erklärung gethan haben wird, mit der ich zufrie=
den ſeyn kann.   Sollte er ſich dazu nicht verſte=
hen, ſo wird er mir nicht übel nehmen, wenn
ich im Namen aller Jünglinge, die wir davor
halten:

„Ein Seufzer mit vollem Verlangen mit voller Entzükung.
Aufgedrükt auf einen zitternden blühenden Mund,
Ein belebender Kuß ſei mehr als hundert Geſänge,
Mit ihrer ganzen, langen Unſterblichkeit werth,“

wenn ich, ſage ich, eine förmliche Klagſchrift ge=
gen ihn aufſeze, und wann Herr Klopſtok
nicht der Verfaſſer der Elegie iſt, ſo ſoll er als=
dann unſer Richter ſeyn. Weil er ſelbſt ein Jüng=
ling iſt, und „empfinden kann wie Hagedorn,“
ſo iſt er hierzu nur deſto geſchikter.

Ihr „Jakob und Ruchel“ machten, daß
ich mich aus dieſem nicht kritiſchen, ſondern ju=
gendlichen Eifer bald wieder ſammelte. Dieſes
ſchöne Gedicht hat für mich nur den Fehler, daß

es klein ist. Ich bewundre, so oft ich es lese, in diesem Gedicht den edlen und kühnen Schwung der morgenländischen Poesie, in welchem Sie sich beständig erhalten, und der meines Erachtens nicht leicht zu erreichen ist. Wie schön und karaktermässig sind die Reden des Abiasaph und Jakob! Wie haben sie die Karaktere der Rachel und Lea so schön geadelt! Sie haben der Lea Gerechtigkeit wiederfahren lassen, welche unser seliger Luther unschuldigerweise häßlich macht, da doch ihre ganze Untugend darinn bestanden, daß sie „kleine Augen" gehabt. Aber was soll ich zu ihrer Rachel sagen, welcher es so leicht wird, ihren Geliebten zu theilen! Sie thut es mit einer wahren Großmuth, und doch würde ich ihr's kaum verzeihen, wann sie mich durch die pag. 48. ausgedrückte Zärtlichkeit nicht wieder versöhnte. Die Erzählung, die Jacob seiner Rachel macht von dem Anfang der Liebe seines Vaters, ist recht reizend. Wie unschuldig und rührend ist's, wenn Jakob alsdann zu seiner Geliebten sagt:

> „Rinna war dieß Mädchen, das da zu Jsaacs Umarmung
> Kam, o Rachel! sie kam zu meines Vaters Umarmung!"

Diese ganze Unterredung ist unvergleichlich. So drükt sich die ungekünstelte Liebe edler Seelen aus, wie Ihr Jacob und Rachel sich einander erklären. Aber erlauben Sie, daß ich sie frage, ob der Gedanke:

> „Liebe! die schon bei mir zu Riesengröße gewachsen,"

nicht zu rauh und fremde ist von einem so sanften Affekt, als die zärtliche Liebe zu einer Rachel ist. „Sanft wie der Biene Lispeln," deuchte mich anfangs nicht schön genug für die Stimme der Rachel. Sie erinnern sich vielleicht, daß ich meiner Thusnelda eine sehr melodische (silberne Stimme sagt Klopstok) gegeben habe. Bei längerem Nachsinnen finde ich die Vergleichung richtig. Sie soll nicht das annehmliche, sondern das sanfte und verschämte der Liebeserklärung der Rachel bezeichnen.

„ Unterdeß hatten die Urnen der Luft ihr Waſſer
vergoſſen. "

Dieſe kühne Beſchreibung ſezt, wie ich ver=
muthe, in die Luft eben ſolche Götter, wie man
den Flüſſen giebt, welche die Luft auß Krügen
wie Waſſer außgießen. So habe ich dieſen Verß
verſtanden, und wenn er mir mißfallen ſollte, ſo
müßte ich den Augenblik einen gott ſche diſchen
Wurm ſtatt der Seele bekommen haben, und ei=
nen Gedanken, eine Beſchreibung, ein Bild ver=
werfen, weil ſie mahleriſch, und lebhaft bedeu=
tend ſind. Wenn ich „Noah," den ich mit
Ungedult erwarte, haben werde, will ich meine
Empfindung bei ihm, wie Herr Me ier bei der
„Meſſiade," aufſchreiben, und den Herrn
Crito bitten — — doch, ich erinnere mich,
daß ich böſe auf ihn bin. Es iſt mir in der That
recht leid, daß er mich erzürnt hat; ich hatte
mir vorgenommen, ihn recht zärtlich zu lieben,
da ich ſeine Rezenſion von den Nächten deß D.
Doungs laß.

Um den braven Herrn Syrob von Schot=
ten, nicht unter unsern andern neuen Propheten,
„Kuhlmanns flüchtige Paters,“ D. Lan=
gent ꝛc. zu verstoßen, wollen wir mit der Ausgabe
des „Herrmanns“ nicht verziehen. Dieser
Held würde von mir meuchelmörterischer Weise
getödtet worden seyn, (wie ich ihm auch habe
weissagen lassen,) wenn er nicht zu Ihnen geflo=
hen wäre. Nunmehr gehört er Ihnen zu, da sie
einmal so gütig gewesen, sich seiner anzunehmen.
Ich ziehe meine väterliche Hand gänzlich von ihm
ab; und da Herr Gottsched ungezweifelt ge=
gen ihn außziehen wird, so will ich verborgen
bleiben, bis etwa einmal eine neue „Dunciade“
nöthig seyn sollte. Man kann an meinem
„Herrmann“ tadeln, daß ich die Karaktere
zu schön und richtig gemacht. Mit Thußnel=
den habe ich es gemacht, wie die italienischen
Mahler, welche den Marienbildern die Gesichter
ihrer Geliebten geben. Doch wird unser „Herr=
mann“ auch hierinn den Gottschedischen
überwinden, dessen Karaktere so elend und übel

gezeichnet sind, daß nichts drüber ist. In dem
ganzen und der Mahlerei des Stüks ist Herr
Schönaich ein Gurkenmahler, und in der
Versifikazion und dem Ausdruk ein Dudeldei.

„Cedite Romani Scriptores, cedite Graii
Nescio quid maius nascitur.“

SCHWARZIADE.

Des sogenannten Herrn Kinderliebs „Satyren" (mit seiner Erlaubniß) sind artig, und
werden von einem guten Bekannten des Herrn
Sulzers seyn. Dieser ist mir aus Langens
„Oden," und Monatschriften als ein verdienst-
voller Mann bekannt; ich habe aber nichts von
ihm gelesen, als etwas aus seinen „moralischen
Betrachtungen über die Natur." Die „zürchische
Bittschrift" ist ein wahres Original. Ihre Re-
publik ist glüklich, wann sie solche Satyren leiden kann. Doch ist die Freiheit der Feder und
Presse nicht allemal ein Zeichen eines glüklichen
Staates. Wann war diese Freiheit wohl größer,
als in Athen zu den Zeiten eines Pericles,

Alcibiades, Critias? wann in Rom,
als in den vor Ihrem Untergang vorhergehenden?
Diesen Schatten der Freiheit lassen den Bürgern
diejenige , die sich des Wesentlichen bemeistert
haben.

Ich danke Ihnen, theuerster Herr Professor,
insbesondere für die schöne Schrift des Herrn
Breitingers. Scharffinnigkeit, Gründlich=
keit, Anmuth, edle Gesinnungen sind die Karak=
tere seiner Schriften , und ich habe alle diese Ei=
genschaften in der schönen Kritik über die „Re=
ligion Essentielle“ nirgends vermißt.

Ich muß Sie um etwas bitten, welches fast
zu frei schiene, weil es Ihnen Ungelegenheiten
macht. Um aber das leztere zu vermeiden, will
ich Ihnen einen Vorschlag thun. Ich möchte
gerne Nachricht von den Verfassern der „bremi=
schen Beiträge und vermischten Schriften“ haben.
Ich möchte wissen, wer die schönsten Stüke macht,
ob auch Schweizer Theil daran haben, ob

Herr Gellert auch daran arbeitet u. s. w.
Ich bin sehr begierig, viele besondere Umstände
von meinen Lieblingen zu wissen. Weil Ihnen
aber beschwerlich seyn muß, mir auf so viele
Fragen zu antworten, so würde mir ungemein
angenehm seyn, wenn einer von den Verfassern
des Crito an mich schreiben wollte. Briefwechsel mit so edlen und seltnen Geistern sind mir die
angenehmste und erbaulichste Ergözung. Darf
ich Sie wohl bitten, der Unterhändler zu seyn,
und einen von diesen Herrn zu bewegen, mir zu
schreiben. Ich habe einige Fähigkeit, ein Freund
eines Freundes des Herrn Klopstoks zu seyn.
Ich kann zärtlich lieben, und bin voll Begierde
und Bemühung, mich eines edlen Freundes würdig zu machen. Ich bin auch neugierig, den
Verfasser der „lyrischen Gedichte‟ zu kennen,
und von den Umständen des Herrn von Kleist
und Herrn Gleims Nachricht zu haben. Wie
sehr würde mich ihm Herr Hirzel verbinden,
wenn er mir Sie geben wollte? Wer mag wohl
der Urheber der schönen „Lieder‟ seyn, welche

Amsterdam auf dem Titel haben und 1749. her=
ausgekommen sind? Sie haben alle die Naivetät
und die natürliche Anmuth, die solchen Sachen
die Vollkommenheit ihrer Art geben.

Sie haben mir befohlen, Ihnen öfters und
lange Briefe zu schreiben. Diese Erlaubniß hat
mich so vergnügt gemacht, daß ich das Maaß
ganz überschreite, welches mir ohnehin bei Brie=
fen gern begegnet. Ich bitte Sie also gehor=
samst, mir meine Weitläuftigkeit und Freimuth
zu vergeben.

Wieland.

P. S. Diesen Brief an den Herrn Crito
belieben Sie, wo Sie es gut finden, den Ver=
fassern desselben zuzustellen. Wenn die Freunde
des Herrn Klopstoks, die ihn tadeln, irren,
wie wird es denn seinen Feinden gehen? Ich glau=
be, man muß von grossen und ausserordentlichen

Geistern mit der äussersten Behutsamkeit urtheilen, und sich selbst tausendmal, eher als ihnen einen Fehler oder eine meprise Zutrauen.

Ich habe Ihr Schreiben nicht ohne viele Bewegung gelesen. Nachdem ich damit zu Ende war, so war ich voll Empfindung der Erhabenheit und deß Adels Ihres Herzens, welchen mir Ihr Brief auf eine sehr lebhafte Art zu erkennen giebt. Ich müßte eine andere Seele haben, als die mir die Natur gegeben, wenn ich die ernsthaften Erinnerungen, die Sie meiner Kritik der „Kritik der tibullischen Elegie" geben, anders auslegen würde, als Sie von Ihnen gemeint ist. Ich schmeichle mir auch, daß Ihnen die Vermuthung nicht so schwer gewesen, ich denke hierinn mit Ihnen ähnlich. Indessen weiß ich nicht, was ich zur „Elegie" sagen soll. Sie gefällt mir überhaupt so sehr, daß ich die wenigen Disticha, die mir darinn beim ersten Durchlesen schon aufgefallen, gern entschuldiget wissen möchte, welches ohne dem meinem Karakter sehr gemäß ist. Ich bin so geneigt, andere zu

entſchuldigen, als ich gewohnt bin, gegen mich
ſelbſt ſtreng zu ſeyn. Aus dieſer Gemüthsart iſt
das gekommen, was Ihnen vielleicht Anlaß ge=
geben hat, zu vermuthen; daß ich nach Art der
Jünglinge ein beſonderer Freund mehrerer Ana=
kreons und Properze ſei. Ich liebe wohl
den Anakreon und Gleim, obgleich Ihre
Scherze mir nicht immer gefallen.

Aber ich unterſchreibe ohne Einſchränkung das
Urtheil, welches Ihre ſchäzbarſte Freunde und Sie
mit Ihnen über den unartigen Wiz fällen, der
der Tugend ſchädlich iſt. Ich bedaure, daß
die „bremiſchen Beiträge“ ſo voll von ſol=
chen Leichtſinnigkeiten ſind. Wenn ein Ana=
kreon ſo ſcherzt, wie die Unſchuld und die
wahre Liebe zuweilen ſcherzt, ſo gefällt er mir;
ich haſſe ihn aber ſo bald, als er mir den Ka=
rakter eines leichtſinnigen und überlegungsloſen
Wollüſtlings entdekt. O! wie wohl recht hat
Klopſtok, „es floh der Zeiten Jugend, da
alles in Unſchuld ſcherzt, und liebte.“ Es iſt

nach der izigen Verfassung der Welt gut, den kleinen Geistern so wenig Aehnlichkeit mit Ihnen, als möglich ist, zu zeigen.

Aber, mein theuerster Herr Professor! wie ist es möglich gewesen, daß Sie haben auf den Gedanken kommen können, ich möchte den weisen Patriarchen der Wollust in Ihnen suchen. Es sind wohl wenig Weise, die die Idee verdienen, die ich von Ihnen habe, und wie sollte diese einen so ausschweifenden Einfall in mir entstehen lassen? Nehmen Sie mir ja nicht übel, daß ich izt recht offenherzig reden will. Es dünkt mich Sie sind gar zu streng gegen Herrn „Klop= stofens zweite Ode auf die Fahrt auf dem Zür= chersee." Ich liebe Klopstofen so sehr, .daß ich keinen Fehler an ihm sehen kann. Wenn er es wüßte, wie oft ich nach ihm geseufzet habe, wie ich schon in meinem fünfzehnten Jahre bei seinem „Messias" geweint habe, und wie un= gemein zärtlich mein Herz gegen ihn ist; vielleicht würde er bedauren, daß wir einander wohl nie sehen werden. Und ach! Er weiß nicht einmal daß ich bin. Wie bedaurenswürdig bin ich, daß ich unter kleine Geister verdammt bin, und dies jenige nicht sehen soll, von denen ich lernen könnte, wie Sie so schön ist die herrliche Tus gend. Doch ich verliere das, was ich sagen wollte. Die „Ode,“ von der die Rede ist, dünkt mich recht klopstokisch. Könnten die Empfindungen edler seyn? Ich weiß, ausser einem andern Vers, nur den Ausdruk, „gleich dem aufwallenden vollen Jauchzen des Jünglings“ ꝛc. der mir nicht gefallen will; aber die Strophe, „lieblich winket der Wein, wenn er Empfindungen, wenn er“ ꝛc. ist mir sehr artig vorgekommen. Viel= leicht haben einige Stellen aus „Platons Symposium“ oder aus dem „Cato maj.“ Anlaß zu einigen Ausdrüken des Herrn Klops stok gegeben. Ich bin ein grosser Wassertrinker, und ein geborner Feind des Bacchus (quod sub rosa dixerim.) Bin ich also nicht recht unpartheiisch, wenn ich sage, daß mir die Gedanken in diesen

Zeilen, von denen ich sogar keine Erfahrung habe, gefallen. Ich glaube in der That, und ich
traue der Menge der Zeugen, die es sagen,
daß ein mäßiger Gebrauch des Weins bei gewif-
sen Personen diese Wirkung hat, indem er die
Säfte etwas hurtiger laufen macht, ohne heftige
Aufbrausungen zu verursachen. Nach der Harmonie zwischen Leib und Seele empfindet dann
auch die Seele zärtlicher und feiner, der Wein
wirket alsdann Gedanken. Aber in Wein! In
Seelen die schon edel sind. Heißt dieses dann,
man habe den Wein nöthig um edel zu denken?
Wenn das ist, so bedaure ich mich, dann mich
betäubt schon ein einiges Gläschen des gelindesten
Weins. Ich weiß auch, wie es einer Seele ist,
wenn sich die Freude, die Schwester der Mensch-
lichkeit über sie ganz ergießt, aber der Wein ist
nie unter den Ursachen dieser Empfindungen gewesen. Ich glaube, ich habe die Lüken ausge-
füllt, die Sie in eben dieser Stelle gelassen haben. Die Frage, die Sie mir aufgeben, habe
ich selbst wohl tausendmal gemacht, und beant-

wortet. „Wir sind," wie Young sagt, „der halbe
Weg vom Nichts zur Gottheit, ein unendliches
Insekt, ein Wurm, ein Gott." Dieser platoni=
sche Lehrsaz hat, wie ich mir schmeichle, in kei=
nem System noch so gut gepaßt, als in meini=
gem. In dieser Beschreibung „zweideutig
Mittelding von Engeln und vom
Vieh," sind die größten Genie's eben so gut
begriffen, als die kleinsten Seelen, nur daß Sie
mehr von Engeln, und weniger vom Vieh haben.
Die Hoheit, die Sie zuweilen erreichen, ist Ih=
nen noch nicht natürlich genug, ihr Geist ist noch
zu sehr an den Stoff gebunden. Er schwinget
sich wohl gen Himmel, „wenn er sich im
feurigen Fluge wie aus dem Körper
verliert," aber er findet bald, daß diese
ätherischen Höhen noch nicht sein Element sind.
Ueberdiß sind die kleinsten Schwächen an grossen
Geistern ja allemal viel sichtbarer und beleidigen=
der, als an kleinen; und Sie selbst, je edler
Sie sind, desto empfindlicher sind Sie gegen die
kleinste Bewegung, die Ihrer Hoheit unanständig

ist, und diese Zärtlichkeit macht, daß Sie Fehler
an sich bemerken, die andere übersehen, und daß
Sie sich selbst viel kleiner vorkommen, als an=
dere. — — Aber, wie vergesse ich mich, da ich
Ihnen von diesen Sachen schreibe, als ob ich Ih=
nen etwas neues sagte, da Sie mich doch darinn
unterrichten könnten. Und wie kann ich wissen,
wie grossen Geistern zu Muth ist? Ich will nur
noch dieses sagen, daß das sinnliche Vergnügen
dem Weisen so wenig untersagt ist, daß er viel=
mehr allein das feinste der sinnlichen Freuden
„ἡδονῆς ἄκρον ἄωτον“ zu genießen fähig ist. Und
ich glaube von meinem Herrn Klopstok, daß er
alle Euphrosya — der Welt nicht anders ansehen
wird, als:

> „Comme dans un jardin paré de fleurs nouvelles
> Un sage curieux regarde les plus belles
> Sans songer jamais à les.“

Ich danke Ihnen gehorsamst für die Nach=
richten von Herrn Klopstok. Aber ich bin
unersättlich, und werde es seyn, bis ich jemand

spreche, der Ihn genau kennt, und mir von al=
len seinen Partikularien z. E. wie alt er ist, wer
seine Eltern sind, wo er studirt hat, wie lang
er in Koppenhagen bleiben wird, ꝛc. Nachricht
geben kann. Sie schreiben mir von seiner Fan=
ny, daß er sie ehmals über alles irdische ge=
liebt habe. Liebt er sie etwa nicht mehr? Wie
geht das zu? Ist sie gestorben? Doch dieses
hindert nicht die Liebe, es soll sie vermehren.
Die Auflösung der Zweifel, die Sie mir mitthei=
len, ist vielleicht schwierig, und es ist vielleicht
ein Zeichen, daß ich sie nicht genug durchsehe,
daß ich sie so leicht finde. Das „fliehen der
Sterne“ heißt ohne Zweifel, daß sie ihre Bahn
verlassen. Dieses verursacht deswegen noch keine
Zusammenstoßung, und macht überhaupt keine so
große Veränderung in einem unendlichen Ganzen,
sonderlich in der poetischen Welt. Klopstok
sezt um den Himmel lauter Sonnen, „um den
Himmel herum sind tausend offene
Wege, lange nicht auszuschauende
Wege mit Sonnen umgeben.“ Sterne

aus diesen Sonnen meint (wie mich dünkt) der
Dichter, diese konnten Ihre Bahn verlassen,
ohne große Veränderungen zu machen. Ich habe
es ohne Zweifel nicht errathen. Die Luftgötter,
die ich Ihnen angedichtet habe, sind ein lächer=
licher Beweis. Wie sinnreich ich bin, einem Ver=
fasser Meinungen anzuschaffen, die er nie haben
wird! Die andern Einwürfe scheinen mir noch
viel leichter. Ich weiß aber wohl, daß die Mo=
nologen, von denen die Rede ist, den Leuten,
die nicht so lieben können wie Klopstok, lau=
ter Dunkel und Galimatias scheinen. Ich nehme
mir die Freiheit, Ihnen hier einige Gedanken zu
schiken, die ich zum Theil vor Erhaltung Ihres
Schreibens in einen Brief an den Crito ein=
kleidete. Hier beantworte ich auch die vorgelegte
Einwürfe. Gefällt Ihnen der Brief nicht so ganz
übel, so sein Sie so gütig ihn den Verfasser des
Crito kommen zu lassen. Sie geben mir schon
etlichemal zu verstehen, daß Sie mit unsern Er=
zählungen nicht ganz zufrieden sind. Außer Ha=
gedorns und Gellerts hab' ich wenige gese=

hen, die mir gefallen hätten. Aber die Art,
wie diese erzählen ist nach meinem Geschmak.
Herr Gellert ist mein Mignon. Diese naïven
Annehmlichkeiten, dieser natürliche Wiz, diese
anmuthige, einfältige Sprache der Erzählung,
die die Seele seiner Fabeln und Erzählungen sind,
gefallen mir unendlich. Mich deucht fast, wie er
erzählt, würde ein jeder geistreicher Kopf unter
seinen Freunden mündlich erzählen. Je mehr ich
also von Gellert halte, desto begieriger bin
ich, von Ihnen zu erfahren, was Sie an Ihm
außsezen. Ich habe ein gegründetes gutes Vorur:
theil für Ihre Urtheile, und was die meinigen be:
trift, so trau ich denselben immer sehr wenig.
Wenn ich in Briefen an Sie urtheile, so ist es
nur, um Ihnen Anlaß zu geben, mich zu korri:
giren, oder mir Ihre Gedanken zu sagen.« Es
wäre mir sehr angenehm, die Rezensenten der
Nächte des D. Youngs zu wissen, um ihnen
zu schreiben. Herrn Kanonikus Breitinger
und Herrn Professor Heß versichere ich meiner
ehrerbietigen Hochachtung, Ihnen aber, theuer:

242

ſter Herr Profeſſor emfehle ich mich zu beſtändi=
ger Gewogenheit.

Wieland.

P. S. Ich weiß nicht, ob Sie die „ſchwä=
biſche Gedichte" ſchon geſehen haben. Sie wer=
den hier gemacht. Damit Sie aber nicht etwa
vermuthen, ich ſei ein Mitarbeiter, ſo verſichere
ich, daß ich ganz und gar nichts damit zu thun
habe. Herr Faber iſt Direktor davon, und ei=
nige aus dem fürſtlichen ſtipendio Theologico ma=
chen die Verſe.

————————

Nagold, (in Wirtemberg) den 22. Jänner 1754.

So sehr ich betrübt bin. Ihre erstere Zuschrift
an mich nicht erhalten zu haben; so sehr bin ich
erfreut über Ihre durch Herrn Dünzler rich=
tig belieferte Zuschrift. Das Vertrauen, daß
Sie auf meine wenige Geschiklichkeit zu sezen be=
lieben, sollte mich schon lange ermuntert haben,
wenn es meine äussere Umstände zuliessen. Gott
hat mich in einen Zustand gesezt, da während
desselben nichts von meiner Muße zu hoffen ist.
Glauben Sie, daß einem Beamten über eine Stadt
und zehen Dörfer Muße bleibt zum dichten? Noch
habe ich meinem Amt schon einige Stunden zur
Dichtkunst entwendet. Aber es kommt nichts
heraus. Ich habe ein paar herzlich gute Freunde
in Stuttgart, Herrn Regierungsräth von Gem=
mingen und Herrn Volz, die mich beständ=
dig mit Aufmunterungen angehen. Aber ich habe
ihnen schon geschrieben:

Q 2

„Ach! unser Leben fließt nimmer, wie ein stillwallen=
des Waſſer,

Noch wie der Rauch wohlriechenden Knaſters durch weiß=
lichte Erde

Hindurch fließt, in Karteſianiſche Wirbel ſich
bildet, dann hinfließt,

Ein ſüſſer Genuß des Lebens ꝛc. ꝛc.‟

Das ſchweizeriſche Blut, das von meinen Vor=
eltern her noch in mir wallet, ſollte mich wohl
noch etwas höhers in der Dichtkunſt verſuchen
laſſen, wenn dieſe Umſtände nicht wären. Auch
hätte ich von demſelbigen Muth genug, das Reich
der Barbarei in Schwaben anzugreifen und zu
zerſtören. Sie können nicht glauben, was für
eine greuliche Unwiſſenheit in Anſehung der Dicht=
kunſt bei uns auch an denjenigen Orten herſchet,
wo man ſonſt Geſchmak ſuchet. Sie hätten mich
gerne zum Märtirer hierinn gemacht, wo es mög=
lich geweſen wäre. Es wird ſehr hart halten,
Schwaben zu einem guten Geſchmake zu bekehren.
Es müßte ein Bodmer unter ihnen aufſtehn.

J. L. Huber.

Bern, den 20. August 1753.

Ihr Schreiben und angenehme Geschenke sind
zur gelegensten Zeit von der Welt angekommen,
in dem ich wenige Stunden hernach auf obrig=
keitlichen Befehl eine Reise in's Gebirge unter=
nehmen müssen, wo man eine Salzquelle gemeint
gefunden zu haben. Sie haben mir in der äus=
sersten Einöde die vortreflichste Gesellschaft
geleistet, die ich mir hätte wünschen mö=
gen. Ich bin zwar entweder kein Dichter gewe=
sen, oder bin es wenigstens nicht mehr. Meine
anderwärtigen Arbeiten, mein Alter, meine Sor=
gen haben das wenige Feuer längst gedämpfet,
das in meinen jugendlichen Reimen ist. Aber
der Geschmak und das Vergnügen an Werken des
Wizes und des Verstandes ist mir geblieben.
Ob ich wohl mich niemals an den Hexameter ge=
wagt habe und zu furchtsam gewesen bin, den
gewohnten Pfad zu verlassen; so hindert mich
dieses Maaß am wenigsten nicht am Gefühle des

Schönen und Wahren, das in der griechischen
Verkleidung vorgetragen wird, und ich habe des=
wegen alle die Wollust genossen, die das Zärtli=
che und Philosophische in den verschiedenen Ge=
dichten erweft, die nach dem verneuerten Metro
gebildet sind.

Die "Ilias" habe ich mehr als dreimal,
und die „Odyssee" eben so oft, und zwar
griechisch gelesen. Ich gestehe aber, daß der
Mangel der Sittenlehre in diesen uralten Ge=
dichten mir immer anstößig gewesen ist. In der
„Ilias" hat mich „der Abschied der Andro=
mache„ und die „ Reden des in Tod gehenden
Hektors" fast einzig einer Bewunderung wür=
dig gedäucht, und der Charafter des verschlage=
nen, lügenhaften, und grausamen Ulysses ist
mir noch mehr zuwider. Ich bin kein Home=
rist; was mir in diesem Patriarchen der Dicht=
kunst gefällt, ist die Abbildung der uralten Sit=
ten der Menschen. Die bloße Malerei dessen,
das mich nicht würdig dünkt gemalt zu werden,

rührt mich nicht, und ich ermangle am Homer einen Geschmak des edlen und sittlich guten, ohne den mir nichts ein Vergnügen erwekt. Vielleicht scheinen Ihnen diese Gedanken kezerisch; auch behalte ich sie für mich, und lasse gerne jedermann loben, was ihm ruhmwürdig vorkommt.

Der Herr von Wattenwil, dessen Sie gedenken, ist Landvogt zu Nidau. Er läßt eine „Geschichte der Schweizer" auf französisch dru= ken, in welcher die Quellen angeführt sind. Ich habe einen Bogen davon gelesen.

Dem Herrn Hottinger habe ich bei mei= ner nothwendigen Abreise keine Dienste leisten können, und ihn bei meiner Wiederkunft nicht mehr angetroffen. Man war aber gegen ihn gar wohl gesinnt.

Die „Provenzalischen Gedichte" werde ich in unsrer Bibliothek aufsuchen lassen. Ich gestehe aber, ungeachtet ich Bibliothekarius gewesen bin, daß mir nichts davon bekannt ist.

Haller.

———————

Da mir Herr Provisor nach vielen Pres
digtideen mitkommende „Natur der Dinge" zu
lesen einhändigte, war ich, (ich bekenne es Ih=
nen,) eben nicht stark im Gusto, poetische Natür=
lichkeiten zu lesen: „servabat odorem testa adhuc:"
indessen fing ich doch an, und kaum hatte ich an=
gefangen, so kam mir der Geschmak an diesem
Gedicht dergestalt, daß ich an einem fort bis
ans Ende zu lesen fortgerissen ward, und viel=
leicht im Gegentheil lange keine Predigt mehr
machen kann. Wann ich mein Urtheil von die=
sem Skribenten sagen soll, so sei es: darf ich
sagen, daß ich ihn zu dem Ende hier entzwei
hauen, und ihm seinen Theil, beides mit den
Poeten und den Philosophen geben will?

Ich kann Ihnen also nicht genug sagen, wie
sehr ich die Poeten bewundere. Da sonst die
Zeit her bald da Einer, bald dort Einer auf=

ſteht, mußten Sie mir vergeben, daß ich auf
den Gedanken gerathen war, die deutſche Welt
laufe ganz voll davon, und wenn alle wirklich
ſchrieben, die eine natürliche Diſpoſition hätten,
nicht ſchlechte; ſondern wirklich gute Früchte ih=
rer dichteriſchen Imaginationskraft herfürzubrin=
gen, wohl eine ganze poetiſche Sündflut werden
möchte; das Imaginationstalent dünkt mich über=
haupt weit allgemeiner und ſtärker ausgetheilt,
als andere. Und wenn dieſe Knoſpen nicht in
wirkliche poetiſche Roſen ausbrechen; ſo kommt
es vielleicht blos daher, weil ſie das Unglük ha=
ben, ſtets am Schatten zu ſtehen. Aber ſolche
ſtarke philoſophiſche Dichter mag es in der That
ſehr wenige haben. Sein Feuer iſt Hallers
Feuer; ſeine Bilder, ſeine Gleichniſſe, ſeine
Beſchreibungen ꝛc. ſind unvergleichlich, und ſeine
Kunſt, das, was er von der Philoſophie leh=
ren will, nicht nur deutlich und nicht nur ange=
nehm dichteriſch zu ſagen, ſondern den Leſer da=
bei auf die natürlichſte Art auf hundert andere
ſinnliche Gegenſtände zu führen, und ihn damit

zu erquiken, als ob er von der philosophischen
Zunge müde geworden wäre, da er es nicht ein=
mal war, das zeuget von einem Kopfe, der Ver=
stand und Empfindung in grossem Maaße besizet.
Kurz ich wußte beinahe nicht, wie mir geschehen
war bei Lesung dieses Gedichts. Ich sagte bei
mir, kann es Lukrez besser gemacht haben?
ich wollte ihn auch qua Poeten Klopstok ver=
gleichen, allein, ich konnte nicht wohl; Klop=
stok fliegt allezeit in dem Himmel herum, und
redet die Sprache der Engel, die er dichten kann,
wie er will; dieser hingegen bleibt auf Erden,
redet menschlich, und darf den Leuten nicht bloß
vorschwäzen, was er will, weil sie auch Men=
schen sind. Die Dichtungskraft dieser beiden
gleichgesezt, dünkt es mich stets leichter ein Klop=
stok zu sein, als ein solcher Lukrez. Ein
lautrer Fanatiker kann jenes, dieses nicht. Vi=
vat der Poet.

Aber wie haben wirs jezt mit der Philoso=
phie? Ich meinerseits mag ihm zwar auch in

dieſer Abſicht das Leben von Herzen wohl gön=
nen, allein, er mag zuſehen, wie er dem Feuer
entrinne, wann er das Unglük haben ſollte, in
die philoſophiſche und die theologiſche Inquiſition
zu fallen. Bei allem Holzmangel ſorge ich, dür=
fen ſie ihn darum nicht frei laſſen, und eher
zu ſeinem Brand ſtimmen, als ihn leben
laſſen. Denn in der That ſeine avancirte Säze
ſentent le fagot miſerablement. Er iſt ein philoſo=
phiſcher und theologiſcher Kezer. Es iſt zwar
gewiß, daß eben dieſe neue, unerwartete und
zum Theil unerhörte Dinge ſein Gedicht auffſlu=
zen, und den Leſer auch dadurch deſto mehr in
der Aufmerkſamkeit erhalten; allein, da er ſeine
Sache beherzt für Wahrheit ausgiebt,
ſo giebt er auch einem jeden das Recht, dem=
ſelben das poetiſche Kleid abzunehmen, und zu
urtheilen, ob es wirkliche Wahrheiten, oder wich=
tige Irrthümer ſeyn. Und ich geſtehe Ihnen, daß
mich bedünkt, daß, wenn der Poet vom Phi=
loſophen nichts, ſo habe hingegen der Philoſoph
vom Poeten deſto mehr gelitten: wenn er z. E.

die Welt ewig macht, so mag er zwar des Spi=
nozismi frei seyn, weil Gott auch von Ewigkeit
her liberas actiones , die gleich ewig mit ihm sind,
und ihren Grund in der Ewigkeit und Gott,
wesentlichen Freiheit haben, hervorgebracht habe
mithin wäre es , wenn man ihm so viel gesteht,
wenigstens keine philosophische Kezerei, wiewohl
ich nicht weiß, ob er sich im Stand wäre, her=
auszuraisonniren, wenn man ihm selbige impu=
tiren würde. Allein nichts zu sagen von dem
Gewicht oder der Leichtigkeit seiner Gründe für
diese Sache aus der Vernunft ; so bin ich doch
der Meinung , sie streite schnurstraks mit dem,
was die Offenbarung uns lehret , und was er
von dem Zwek Mosis bei Beschreibung Gene=
sis Mundi sagt, ihn in eine Harmonie mit seinen
Systematen zu bringen , sei ein superficiel=
les Wesen, ein bloses Feigenblatt für seine
Blöße; so, daß es einem Philologo sehr
leicht wäre zu zeigen, Moses nicht allein, son=
dern auch die übrige heilige Skribenten hätten
für gewiß angenommen, die Welt wäre einmal

μὴ ἐκ Φαινομένων entſtanden. Bei ſeinem Saz von der Unendlichkeit der Welt, der unendlichen Theilbarkeit des Stofs vermiſſe ich auch den Philoſophus, und glaube ſogar, er habe ſich durch das lezte dem Tadel derjenigen, die das principium rationis ſufficientis für unumſtößlich halten, ausgeſezt.

Auch die Erfahrung lehret dieſes lezte; ſ. pag. 91. davon iſt jenes, wann es im Ernſt geredet wird, ich weiß nicht ob mehr als eine Möglichkeit, ja, ich weiß nicht einmal, ob es nur eine ſolche iſt; dieſes hingegen, da er ſich auf die Erfahrung beruft, iſt etwas dem gemeinen Volke aber nicht dem Philoſoſpho zukommendes; und wirklich in dieſem beſondern Exempel in der Philoſophie lächerlich gemachtes vitium ſubreptionis. Die Kritik über Leibnizens aktive vorſtellende „Monaden" ſchenke ich ihm, Künzli mag ihn retten, wann er kann. Aber ſein eigenes neuerfundenes ſyſtema commercii mentis & corporis das ſchenke ich ihm nicht, ſondern

Weise ihn auf seine Verse pag. 60. „O flieh
zur Schule hin, und zur verborg'nen Kraft, und
hilf dir dichterisch durch dunkle Eigenschaft, mit
gleicher Kunst" ꝛc. ich wüßte kein lieblicher Bei=
spiel; der Scholastiker träge Philosophie vorzu=
stellen, als diese facultatem visivam animæ; und
bekenne, daß mich dieser Einfall theils be=
lustiget, theils mir eine seltsame Idee von
der Art, die Sache zu überdenken, die bei
dem Verfasser seyn muß, gegeben hat. Das ist
für Anfänger, zu lachen ꝛc. und es ist wohl
Schade für den Poeten, daß solche Sachen
in seinem sonst so vortrefflichen Gedicht stehen.
Und Schade auch, daß er seine Sachen so dreist,
und mit so grosser Zuversicht dahersagt, und die
grösten Männer dabei kek heruntersezet. Der
junge Mann ist wahrhaftig zu stolz, er hät=
te nicht Ursache dazu, wenn seine
Sachen alle höchst gegründet wä=
ren, aber es läßt noch auffallender,
da sie es nicht sind. Ob er diese Eigen=
schaft vom Poeten oder vom Philosophen her

hat, weiß ich nicht zu beſtimmen; aber ſo viel
iſt ſicher, daß ſie ihm ſehr unanſtändig iſt. Ich
kann auch das, daß er ſo viel waget, nichts an=
derm als einer jugendlichen Uebereilung und
Mangel der Kenntniß der Welt zuſchreiben. Sonſt
ſcheint er mir ein redliches Herz zu haben, und
es mit den Menſchen überhaupt recht gut zu
meynen. Ich gebe indeſſen meine lezte Anmer=
kung, die ich hier noch belfüge, für nichts mehr
aus, als einen zweifelhaften Gedanken; ich meine
nemlich, junge Leute ſeien nie ehrlicher, nie tu=
gendhafter, als wann ſie Doriſen haben. Das
Ding hat einen recht ſtarken Einfluß auf ſie zum
Guten, als lange ſie lieben. Es iſt aber nicht
allemal ein ſicheres Zeichen, daß es ihr wahrer
beſtändiger Charakter ſei. Ich wünſche, daß die=
ſer junge Autor glüklicher ſei, als er ſich zu
ſeyn ſcheint. Es wäre wohl tauſend Schade um
ſeine vortrefliche poetiſche Gaben, wenn er es
nicht ſeyn ſollte. Könnte ich etwas beitragen zu
ſeinem Beſten, ich würde es mit rechtem Eifer
thun; das ſind Sie aber im Stande zu thun.

Meyer, der Vorredner, scheint mir ein leerer Kopf.

Waser.

————————

Tübingen, den 7. Julius 1765.

Sie werden ohne Zweifel die Verfasser einer Monatschrift, die Sie ihnen zuzuschiken die Verwegenheit gehabt, längstens vergessen haben. Es war in der That eine grose Verwegenheit, daß wir uns damals unterstanden, solche Kleinigkeiten einem Bodmer zu überschiken, die ich mir noch nicht verzeihen kann, und die ich wieder gut zu machen, mir alle Mühe geben werde. Ich lese Ihre fast allzugütige Zuschrift, so oft sie mir in die Hand kommt, und erröthe allemal insgeheim über meine Arbeiten, die ich größtentheils wünschte nicht gemacht zu haben, wenigstens, daß sie einem Bodmer (verzeihen Sie mir die oftmalige Wiederholung Ihres Namens, den ich niemalen ohne die größte Hochachtung höre oder schreibe) niemals zu Gesichte gekommen wären. Wie wenig kannte ich damals die Bestimmung der Poesie, wie wenig kannte ich Sie! Und wie sehr erstaun' ich, daß Sie noch so gütig von uns geurtheilt haben.

Daß wir Ihnen damals nicht geantwortet ha=
ben, kann ich mir also schon verzeihen, denn
warum sollten wir Ihnen ihre kostbare Stunden
rauben? Aber, daß wir Ihren Antrag eines Brief=
wechsels mit einem Ihrer jungen Freunde nicht
angenommen haben; das würde ich mir nimmer
verzeihen, wenn nicht unsere Umstände gleich nach
Ihrer gütigsten Zuschrift eine solche Gestalt be=
kommen hätten, daß wir an die schönen Wissen=
schaften nicht mehr denken konnten.

Ich will Ihnen keine lange Erzählung von der
Sache machen. Ich sage Ihnen nur kürzlich,
daß wir entdekt, unsere Schrift konfiszirt und
überall verboten, wir aber auf das empfindlichste
deswegen gestraft worden sind. Es wurde uns
aller Umgang mit den Musen auf's schärffste un=
tersagt, und wir an unsere Kompendien der Me=
taphysik und Theologie gewiesen. Sie können
denken, in welchem Zustande wir uns seit der
Zeit befanden. In unsern Zellen eingeschlossen;
mit Wächtern überall umgeben; von unsern lieb=

ſten Büchern, die uns zum Theil genommen wur=
den, (ach, Ihre „Noachide“ betraf dieß Un=
glük auch!) gezwungen entfernt, mußten wir un=
ſere Zeit in der Geſellſchaft lebendiger und todter
Dummköpfe zubringen. Mein Freund wurde
überwältigt, und hat ſeit dem ſeine Neigung zur Poeſie dahin verwandt, daß er jezt
um's Geld Gelegenheitsgedichte ſchreibet. Und
ich bin alſo jezt von allen Menſchen, deren Um=
gang mir erträglich war, verlaſſen, und lebe
in dem größten Gedränge wie auf einer Inſel,
und ach! könnte ich nur alſo leben!

Aber ich, verehrungswürdigſter Herr! ich
konnte mich ſo tief nicht erniedrigen. Ich wagte
es den Rouſſeau in der mich umhüllenden Ein=
ſamkeit der Mitternacht, wenn meine Aufſeher
ſchliefen, und Ihre Werke, wenigſtens einige,
die ich bekommen konnte, nebſt einigen Griechen
und Lateinern zu leſen. O wie glüklich war ich
in dieſen Stunden, die ich meinem Schlaf ent=
zog, glüklich auch darinn, daß ich bei Tag in

den öden Vorlesungen desto leichter in Schlaf
kommen konnte.

Ich wagte es lange nicht mehr etwas auszu=
arbeiten, theils, weil ich die Schwäche meiner
Kräfte immer mehr fühlte, theils, weil ich kei=
nen Menschen wußte, dem ich es nur hätte vor=
lesen dürfen, geschweige, den ich hätte um Rath
fragen können, und für mich war es genug, zu
empfinden und zu denken. Ich wurde endlich
von meinen Banden einmal auf wenige Wochen
frei, und in dieser Zeit sind die Kleinigkeiten
entstanden, die ich wage, Ihnen zuzuschiken, nicht,
daß Sie solche selbst lesen: denn ich halte sie
nicht für würdig, daß sie Ihnen nur eine halbe
Stunde rauben; sondern, wenn Sie noch viele
Gütigkeit gegen mich haben wollen, so geben Sie
sie einem von Ihren jungen Freunden zum durch=
lesen, dem ich vielleicht mit weniger Frechheit
einige Stunden rauben kann. Ich habe es ge=
wagt, einen Brief an ihn beizulegen, und der
größte Trost in meinen Umständen würde der seyn,

wenn er es sich gefallen liesse, bisweilen mich
mit einer Zuschrift zu beehren.

Von Ihnen, verehrungswürdigster Herr! bitte
ich mir nur noch diese einige Wohlthat aus, daß
sie mir (nur durch eine andere Hand) rathen,
wie ich mich in meinen Umständen verhalten solle,
wenn noch zu rathen ist. Sie haben an mir ei=
nen Menschen vor sich, der die größte Begierde
hat, seine Gaben, die er selbst noch nicht kennt,
so anzuwenden, wie es der Endzwek und die Be=
stimmung seines Schöpfers erfordert, der aber
zweifelt, ob er in dem Stande ist, wo er sie so
anwenden kann. Ich bin ein Mensch, der die
Wahrheit aufrichtig sucht, und, wo er sie fin=
det, verehret, der frei zu denken und zu handlen
begehrt; der eine große Neigung zur Poesie und
Litteratur besizt, und diesem allein in seinem
Lande und in seinen Umständen nicht genug thun
kann; — — — — — — —

— — — — — — — —

— — — — — — — — —

— — — — — und doch bin ich be-
ſtimmt, in dieſem Land ein Prediger zu werden.
Ich habe keine Abneigung gegen die Theologie;
aber ich kann keinen Saz um das Anſehen alter
Lehrer willen annehmen; und ich ſoll doch darauf
ſchwören.

Meine Umſtände ſind ſo beſchaffen, daß ich
keine Aenderung in meiner Lebensart und Beſtimmung machen kann. Ich habe meine Woh-
nung und meinen Unterhalt von der Herrſchaft.
Meine Kleidung und meine Bücher muß ich mir
durch Unterrichtung in den Sprachen und der
Philoſophie nach dem alten Schlendrian erwerben,
und, da ich mir ſelbſt meine Erziehung in ver-
ſtändigern Jahren geben mußte, und auch im
übrigen nie eine gute Anweiſung gehabt habe,
und jezo den allergrößten Theil meiner Zeit mit
Arbeiten zubringen muß, die nur darauf abzielen,
daß ich wirklich ehrlich leben, und mein Brod
einmal als Prediger erwerben könne: ſo konnte
ich mich in keiner Wiſſenſchaft ſo feſt ſezen.

daß ich glauben könnte, dadurch empor zu kommen.

Ich habe mich sehr lange besonnen, ob ich
Ihnen dieß Bekenntniß ablegen sollte, da es al=
lerlei Auslegungen fähig ist. Gott aber und
mein Gewissen sollen meine Zeugen seyn: (ein
Schwur, den ich sonst niemals gebrauche!) Daß
ich durch diese Erzählung keine andere Absicht
habe, als einen freundschaftlichen Rath hierinnen
von Ihnen zu erhalten, und mein Herz wäre in
der That zu stolz, etwas anzunehmen, das ich
nicht verdiente. Einen guten Rathgeber kann
ich, nur als Mensch, von einem so erleuchteten
Mann gewißermaaßen fordern, wenn's anders
möglich ist, in diesem Fall einen Rath zu geben.

Ich müßte mir aber ein Gewissen machen,
Sie noch länger mit solchen verdrüßlichen Dingen
zu unterhalten, und bei Ihnen vielleicht nur ein
vergebliches hilfloses Mitleiden erregen.

Guoth.

Tüblingen, den 9. Dec. 1772.

Ich ergreife jede Gelegenheit, mich mit Ih=
nen zu unterhalten, und jezt beantworte ich Ihr
leztes, da ein hiesiger Magister durch Zürch nach
Bern reißt. Beinahe hätte ich mich entschlossen
mit demselben zu reisen. Doch muß ich es län=
ger aufschieben. Ich werde alsdann Ihres Um=
gangs würdiger seyn. Ich habe nun Ihre Stükke
gelesen, Reichthum an grossen Gedanken, Schön=
heit, wie ich sie wünschte ; und ich werde einige
Anmerkungen dazu niederschreiben. Sie würden
freilich den Sachsen nicht gefallen, allein für
diese wollte ich selbst nicht arbeiten. Der Bei=
fall eines Bodmers, G... und H... ent=
schädigt mich genug. Haben Sie die Korrespon=
denz an Kloz gelesen, so kann sie Ihnen nicht
anders, als interessant gewesen seyn. Man lernt
die unlautern Absichten und Gesinnungen solcher
Männer kennen, welche bisher den Ruhm eines
rechtschaffenen Herzens hatten. Nach Durchle=

sung derselben — wie konnte ich anders , als beschämt seyn , daß ich bisher Männer hochge= schäzt habe , die es nicht verdienen?

Ihre „Cherusken" sind edle alte Deutsche , aber für jezt frage ich nur., warum sind Sie so genau bei der Geschichte , welche „Klopstoks Bardiet" annimmt, geblieben. Ich hätte ge= wünscht , daß Sie ein anders Süjet der deut= schen Geschichte , etwa Herrmanns Tod ge= wählt hätten — doch das ist für mich gleichgültig.

Wie voll von edlen Gesinnungen ist Ihr Brief! Hier erkenne ich den rechtschaffenen Bod= mer ganz. Lieben Sie mich, und glauben Sie mir ohne den Schwur , den Wieland in der Vorrede seiner „Empfindungen" thut,. daß ich mich nie zu dem Kleinen der Grazien erniedrigen werde. Für dieß, und die andere gedrukte Sa= che dankt Ihnen mein deutsches Herz. Ihre Liebe verdiene ich , weil ich nicht klein denke; und wenn meine Umstände die elendesten wären.

Ich habe Eltern zu gehorchen, deren Willen mir Gebot ist, und ich werde mir nie den Weg meines Glüks voreilig selbst machen. Sie werden nun erfahren, wer ich bin, daß ich ein unbekanntes Leben führe, aber in dieser Stille mehr Erfahrungen sammle, als in der grossen Welt. Ich habe hier nur zween Freunde, unter welchen Huber mein bester ist. Um den Haß anderer, (denn auch diesen habe ich,) bekümmere ich mich nichts. Meine Stille ist für mich vortheilhafter, als ein Ruhm, der mir nur meine Zeit rauben würde.

Ich läugne nicht, daß ein Genie nicht auch die Fesseln, welche das Weiche der französischen Sprache anlegt, von sich werfen könne; aber ich gebe Ihnen zu bedenken, daß die Franzosen keinen Shakespear, keinen Thomson, keinen Klopstok haben, und desto mehr Jakobitchen. Wenn ich schon eine starke Sprache vor mir habe, so habe ich nicht nöthig, sie erst stark zu schaffen; der Werkzeug ist da, und mir ist

genug vorgearbeitet. Der Franzose muß jezt erst
seine Sprache stark schaffen , und glauben Sie ,
daß diß möglich sei, da die Sprache keinen starken Ton mehr besizt? doch transeat.

Ihr Plan, und die Anmerkungen über meine
neusten poetischen Versuche , so ich Ihnen zuge-
sandt habe, erhalten meinen ganzen Beifall. Ich
werde sie sehr benüzen.

Ich schäme mich beinahe , denn Sie erweken
meinen ganzen Stolz, daß ich einige meiner poetischen Arbeiten in den „Almanach der Musen“
hingegeben ; allein ich hatte keinen andern Weg,
mich meinem Vaterlande bekannt zu machen.
Kein Buchhändler wollte etwas von mir nehmen,
und das war Entschuldigung für mich. Ich werde
sie vielleicht nicht lange darinnen stehen lassen ;
eine neue Durchsicht derselben bewegt vielleicht
einen Buchhändler, sie zu verlegen, und! wirft
doch Herr von G..... selbst von Zeit zu Zeit
etwas dem „Göttingischen Almanache“ hin, nach

welchem diese hungrigen Leute begierig greifen.
Im „Leipziger Almanach" zu stehen, ist noch
mehr Ehre, als in jenem. Zu größern Arbei=
ten muntern Sie mich auf, und ich fühle meine
Schwäche. Ich bin noch nicht über zwanzig Jahre
alt, und sollte große Arbeiten unternehmen. Ich
bin eine Biene, die noch für sich Nahrung sam=
melt, ehe sie andere große Werke arbeiten kann.
Aber die „schwäbische Kaiser" sollen nicht ver=
gessen werden. Ich arbeite schon lange an ei=
nem Plan, der noch nicht reif genug ist. Ist
er reif, wohl, so geht er zuerst nach Zürich,
und alsdann mache ich mich in aller Stille an
die Arbeit.

Schaffen Sie mir Herrn Lavaters Freund=
schaft. Ich habe Dinge von der äußersten Wich=
tigkeit mit ihm zu reden; aber ich muß zuvor
wissen, daß ich sie einem Freunde vertraue. Ihre
Manuskripte sind mir heilig. Wegen „Sigowin
und Nausikaa" werde ich jezt mit Cotta reden.
Zweifeln Sie nicht an meiner Aufrichtigkeit,

meine Fähigkeiten, meinen Verstand verläugne
ich gern, aber auf diese, und mein patriotisches
Herz bin ich stolz, wie's immer ein Deutscher
seyn kann.

Klopstok hat hier, ich versichere Sie, auß
ser mir, keinen einigen Verehrer. Seinen „Da=
vid" kennt man nicht, und laßt den Journalen
nach, über welchen Klopstok so hoch, als die
Sonne über unserm Horizonte, steht. Mein Ur=
theil! ganz ist dieser „David" Klopstoks
nicht würdig, aber der schöne Jambe und andere
nicht gemeine Schönheiten, machen mir ihn un=
schäzbar. Sein dritter Theil der „Messiade"
ist weniger vollkommen, als die zwei erste Bän=
de, und das nemliche, was Sie tadeln, hat
Huber und ich längst getadelt. Es hat uns
gefreut, daß doch ein Mann in Deutschland glei=
ches Sinnes mit uns ist: denn aller Tadel der
Zeitungen war unwerth, von Klopstok nur ge=
lesen zu werden. Aber liebreich würde er viel=
leicht unsern Tadel aufnehmen. Es ist unver=

antwortlich, wie Klopſtok hier verkezert wird
wegen der „Meſſiade."

„Pope" habe ich noch nicht geleſen , weil
meine Kenntniß in der engliſchen Sprache nur
kaum über das A. B. C. geht , und die deutſche Ueberſezung deſſelben kann ich weniger aus-
ſtehen, als Zacharia's Ueberſezung des „Miltons" in Hexametern. Kann man „Gemmin-
gens poetiſche Blike in das Landleben" in Zürich nicht mehr bekommen? Ich habe mich ſchon
lange darum bemüht, ohne ſie zu erhalten.

Wie denken Sie denn von Denis? Schreiben Sie mir ſo, wie Sie von ihm denken. Auch
mein ganzes Urtheil ſollen Sie alsdann wiſſen.

Ich ſchreibe nur , Luther möchte die Minneſinger gekannt haben , behaupten kann ich es
nicht, aber mir kam es ſehr wahrſcheinlich vor,
weil er als Mönch in den Klöſtern Gelegenheit
dazu haben konnte. Die Sache iſt unwichtig, und

Luther verliert nichts dabei. Sie mögen „Hu=
go“ selbst beurtheilen, denn ich sende Ihnen durch
diesen Herrn Magister einige Lagen dieses Min=
nesingers, und Sie können selbst von seinem
Werth urtheilen. Das vorderste

„Renner ist das Buch genannt,
Weil es soll rennen durch alle Land,“

ist vermuthlich von dem Verfasser selbst hinzuge=
sezt. Ganz hinten steht der Name des Abschrei=
bers von 1473. An vielen Orten ist der „Codex“
ausgelöscht, wie es scheint, vom Regenwasser,
oder lag er in einem feuchten Winkel. Ich werde
ihm in einigen Stellen nachhelfen, und ihn für
meine hiesige Landsleute wenigstens brauchbar ma=
chen. Der „Codex“ enthält Fabeln und Erzählun=
gen, und moralische Stüke, deren einige würk=
lich schön sind, aber bei den meisten Fabeln ist
die Moral erstaunend lang.

Glük zu! ich habe vor einigen Tagen noch
einen „Codex“ erhalten, oder wenigstens eine

Abſchrift eines „Codicis" in Quarto, eines Dich=
ters ; der die Stadt Köln beſang , auch hier
ſind bißweilen Schönheiten. Er iſt, glaube ich,
noch älter. Der Dichter heißt Hagen. Doch
habe ich ihn noch nicht durchgeſehen. Vermuthlich
fällt ſeine Zeit in das Jahr 1200 und etwas
drüber.

Zugleich ſende ich Ihnen meine Ode , welche
„Lavaters Ode an Wieland" verurſacht
hat. Sie iſt beinahe vor zwei Jahren gemacht,
und hat alle die Fleken noch, welche ſie in ihrer
Geburt bekommen, weil ich noch nicht ans Aus=
feilen derſelben gekommen bin. Vielleicht leg'
ich noch etwas bei ; bitte mir aber die Zurük=
ſendung dieſer Stükke aus ; weil ich keine Ab=
ſchrift davon machen kann ; und ſie überhaupt
Ihnen unwichtig ſein werden.

Und izt — darf ich es wagen , Ihnen einige
Anmerkungen über Ihr „politiſches Trauerſpiel"
zu machen? Verzeihen Sie meine Kühnheit; ich

Br. b. D. 2. Th. S.

bin offenherzig, auch da, wo ich vielleicht nicht
recht habe. Der Plan des Ganzen gefällt mir;
auch haben Sie keine unnöthige Person auftreten
laſſen. Vielleicht hätten nur auch andre deutſche
Fürſten mit zugegen ſeyn ſollen; denn auch die
Katten hatten Antheil an dieſem Sieg, und
mehrere deutſche Völker. Doch, Sie nennen
Ihr Stük nur „Cheruſken,“ und biß iſt eine
Entſchuldigung. —

„Ich ſchleppe mich durch Stunden und Tage,
ohne Thaten des Ruhms, und izt laſſe ich
zweifelhaft, ob —“

Sie wollen ſagen: „und, die Deutſche werden nicht wiſſen, ob die Schwäche oder Furcht
mich in der Wagenburg hält.“ Ich habe den
Ausdruk nie gehört.

Doch — ich ſeze izt die Ausdrüke lieber
nach einander her, welche mir weniger gefallen.
Ich ſeze her, wie ich es wünſche. Aber Sie
ſollen nicht zürnen.

„Den hohen von Schenkeln."

„Die grosse Seele in dem hohen Körper."
Warum nicht? „und seine grosse Seele."

„Eile mein Sohn mit Wachsen." „Wachst
wafer mein Sohn."

Ist es der Karafter der deutschen Genies,
daß sie in so viel Gleichnissen reden? Z. B.
„Die Worte fallen von deinen Lippen, wie die
Flokken der Blüthe der Pappelweide."

„Lange tönte der Gesang des Kummers
von meiner Zunge, an dem Gestade der schallen=
den Lippe." Sie sollten den Helden nicht singen
lassen, wiewohl es mit den Sitten jener Zeit
übereinstimmt. Man kann heutzutag keinen Hel=
den singen hören. Er soll nicht einmal sprechen,
thun soll er. Doch diß ist allzuklein.

„Geworden" statt „worden."

S 2

„Er ist mit Nachricht beladen."

„Soll ich zögern, bis ich in dem Bette von der Hand des faulen Alters falle, wann mein Arm, wie die Reiser einer tausendjährigen Eiche, saftlos und verdorrt auf der Haide steht."

Möchten Sie nicht solche Sachen noch wegwischen! Mehr Beifall zu erhalten, mehr Nuzen zu schaffen, können Sie es wohl thun. Aber zürnen müssen Sie nicht, daß ich frei geschrieben habe, oder müssen Sie auch zürnen, daß ich Sie über alles hochschäze, über alles liebe. Mein ganzes Herz wünscht Ihnen die vergnügteste Tage. Leben Sie noch lang, und lieben Sie Ihren Schüler

Hartmann.

Eßlingen, den 27. Dec. 1771.

Ich schreibe Ihnen dißmal etwas auß dem Minnesinger Hage ab, der, wie Sie schreiben, in der Mitte des dreizehnten Jahrhunderts gelebt hat.

„Dyt is dat Buch van der Stede Cœlne."

———————————

„Sich ewige Got van hemelrich
Synen sün' de eweliche
Mit dyr is ind dynen hilgen Geist
Wan ihs dry vermogit alremeist
So bitte ich dat ihr myr doit volleist
Zo eyme Boiche dat ich will begynnen
Van dingen die zo Cœlue enbynnen
Des hilgen Stede sinnt geschee
Nü en byn ich leyder so künstich neit
Dat ich dat Boich inoge voilmachen
Van alle dyn dingen und den saichen
Die Cœlne schade haint gedain
Ihr dry eyn Gott ir en wilt myr bestain
Mit vore helpen also by
Dat it vmmer blüce und sy

Warnynge der vil hilger Stede
Der Kirst durch syner moeder biede
Ind der hilgen die da ynnre stent
Zo Gode — wett haint so bevestint
Dat Coelne ain alle miſswende
Ihre dink noch herzo goeden ende
Hait breicht die ire sint weder vaven
In al den tagen ind in den jaren
Van das dat Coelne eirst Kirtten wart
Wirt myr ze vinden alze hart
Sie alre Künste meister is ind begyn
Die verlein myr Kunst ind den syn
Sat icht alſo volherde
Dat it uns allen nuzlich werde
Dich Rome houft der Christenheit
Saich man zu rüwen ind zo leide
Den Romern ane gewynnen
Die wonnich waren da enbynnen
Sich haint steide Burge ind land
Die Christenhait myt irre hant
Mit Godes helpen van hemelriche
Betwüngen ind Conymkriche
Der lede nust betwange famen
Intfyngen Christeliche Namen
So wat men myt betwange deit

Darzo iſb ixſt den Lüden leit
Ouch wie it in Nakome zo goeda
Zo cromen ind zo bliden moyde
Reicht in ſente Peters gezyden
Woil de die Chriſtenheit mit ſtryde
Agrippinam die ſtarke ſtat
Ane veichten umbdat
Dat ſy dea Chriſten in hand geingen
Ind des hilgen Chriſtes namen int feingen
Ind worden boden des geſant
Zo Agrippin die Cœlne nü is genant. &c. &c.

Diß iſt der Anfang. Des ſchweizeriſchen Rit-
ters Dietterich von Bern wird auch darinn gedacht:

Alſs hie dederich van Berné were
Mit ſtyde beheilt mallich ſyn ere ——
Ey doch hadden ſyt van eirſt hare
Van hoinbüſch qu'am myn here Renart
Ind halp ſy alſo ryden weder
Dat ir mennich laich danneder
Wat eynen vinger moicht gewegen
Geinck de heven ind liegen
Myn here Gerart qu'am geredin
Schroff gin na ritterlichen ſeden

Ind dürchbrwich fy an eynre fyden
Inr yein in begonten zyden
Som die Bürgere fagen komen
Zo eren ind zo vromen
Mit groiffen slegen und myt ftichen
Dad en fy dat die Wewer wichen
Der vünfe weder eynen waren
Man in vernam iu menchen Jaren
Noch rey in al mynre zyt
So reichten ungewiegen ftryt &c. &c.

Das muß ich Ihnen noch fagen, daß fehr
viele Lügen darinn ftehen, aber, daß die Ge=
fchichte auch hie und da ein Licht darinnen fin=
den kann.

„Eberhardts Apologie des Sokrates“ ent=
hält fchöne Sachen. So, wie ich im Ganzen
völlig mit ihm übereinftimme, fo fcheint er doch
etliche mal zu behaupten, daß ein Chrift, ohne
einen Erlöfer zu kennen, felig werden möge.

Er tadelt daher auch Klopftok p. 85.

„Ohn ihn , der sich für mich geopfert hat,
Könne' ich nicht dein seyn!
Ohn ihn , wäre deine Gegenwart
Feuereifer und Rache mir.‟

mit Unrecht. Klopstok spricht als Christ, und
als Christ kann ich nicht selig werden , wenn ich
meinen Erlöser nicht erkenne. Dann ist gewiß
die Sache zu weit getrieben , wann der Christ
selbst, ohne Erlöser, selig würde. Nein , das
laß ich mir nicht rauben. Ich bin ein Christ ,
und Christus hat mir alles erworben , und ohne
diesen Erwerber sollte ich die Seligkeit erlangen
können? Das glaube ich nimmermehr. Schwär=
merei und Unglaube sind entgegengesezte Dinge:
beide lehrt mich meine Vernunft , die ich nicht
als einen Kettenhund halten will, meiden, und
das Mittel treffen, troz allen denen, welche die
Vernunft verwerfen, zum deutlichen Kennzeichen,
daß ihnen nur sehr wenig davon zu Theil worden.

Ich muß Ihnen gestehen , daß ich mich zu
einer würdigen Hofmeisterstelle auszurüsten suche.

Ich habe hiezu noch 4 Jahre, und dann mag mir das Glük einen rechtschaffenen Jüngling zuführen, dessen Begleiter ich seyn solle. Vom „Quintilian" habe ich nur weniges gelesen, aber auf Ihr Anrathen werde ich ihn mit guter Muße lesen, und er soll künftigen Sommer, wenn ich eine bequeme Edition bekommen kann, mein Begleiter auf meinen Spaziergängen seyn.

Sie wollen nicht, daß ich Sie sehen soll. Sie fordern von meinem Herzen eine große Verleugnung. Wie, wenn Huber sich entschlösse, künftigen Sommer mit mir zu reisen? Ihre Einsamkeit, Eingeschlossenheit, alles reizt mich mehr. Im Winter reise ich nicht; aber in langen Sommertägen ist die Reise in einer Woche bequem gemacht, und bietet sich mir eine Gelegenheit, so können Sie von mir versichert seyn, daß es ohne alle Unbequemlichkeit auf Ihrer Seite geschehen soll. Theurer ist so vergnügt von Ihnen gegangen, daß er es nicht genug rühmen kann. Doch, wir wollen nicht für

die Zukunft Anſtälten machen; in einer Nacht
kann ich einem Unfall unterliegen, der meine
aufgebaute Hofnung niederreißt. Betrachte ich
alles um mich her, ſo iſt es ſo ſchnurgerade ge=
gen meine Geſinnung, daß mich das Angedenken
an meinen Tod nicht ſchröcken kann. Ein bißchen
Ehre oder Rauch, es iſt ziemlich gleichbedeutend,
macht den Wunſch nicht rege, recht lange zu leben.

Ich glaube Ihnen freilich, daß Abt Rouſ=
ſeau oft genug Unrecht thut; allein, wir wol=
len dieſen Fehler einem Manne verzeihen, der
gewiß durch ſein Verdienſt Nuzen genug ge=
ſchaft hat, und würde nur dieſer hier geleſen,
es ſollte bald anders ausſehen. Er hatte viele
Freunde in der Schweiz, und war, ſo lange er
lebte, ein Freund des Prinzen Louis. Hätte
er länger gelebt, er würde ſich vermuthlich von
der berliniſchen Sekte losgeriſſen haben, weil er
doch wirklich ſehr gut dachte.

Derjenige, welcher „Geßners Idyllen“

verbannt, war der Repetent * * * * * auf der hiesigen hohen Schule ;. der immer noch würdige Nachfolger hat, sowohl in der Schwärmerei, als in der tiefen Unwissenheit.

Kann ein Jambe nicht wirklich in seinem Gange schön und richtig, und doch leer an grossen Gedanken seyn? Ich sage nochmal, daß ich in „K3. D." sehr viel Wohllaut des Jamben finde, wenn schon bisweilen ein leerer Jambe mit einläuft.

Ich weiß den Unterschied zwischen ihrem Schauspiel und „Klopstoks Bardiet" wohl, und weiß, daß sie bei der Geschichte des Tacitus geblieben sind. Sigmar haben Sie sehr gut gezeichnet, besonders gefällt mir auch, daß Sie ihn leben lassen; aber, ich muß Ihnen auch das gestehen, daß ich ein schon bearbeitetes Sujet nimmer bearbeiten kann, außer ich mache mir mit der größten Mühe einen eignen Plan, der von jenem im Ganzen und in den Theilen un.

terſchieden ſei. Aus dem „T a c i t u s‟ lieſſe ſich noch manches Stük für die deutſche Bühne neh= men, aber niemand ſoll ſich daran wagen, wel= cher T a c i t i Buch „De moribus germanorum‟ nicht ganz ſich bekannt gemacht hat. Mit Zit= tern würde ich es wagen, aus dieſer älteſten Ge= ſchichte der Deutſchen etwas zu bearbeiten. Es iſt eine ſchwere Arbeit; beſonders, wenn man nicht alle Alte, welche von den Germanen ſchrei= ben, geleſen hat. Ich habe auſſer P l i n i u s und T a c i t u s keinen geleſen; und in jenem nur das, was die Germanen angeht. Senden Sie mir Ihre „M a r i a von Brabant,‟ ſo bald ſich Gelegenheit zeigt; ſollen Sie einen groſſen Pak erhalten; und auch den H a g e n, wenn ſie ihn zu ſehen wünſchen. Es iſt eine Kopie; wel= che ſehr undeutlich geſchrieben iſt. Sollten Sie wohl glauben, daß man denjenigen, welcher dieſe Alterthümer aus dem Moder hervorziehen wollte, böſer Abſichten beſchuldigt hat, und ihm den Zutritt verweigert. H u b e r nimmt ſich meiner an, und ich werde es vermuthlich noch durchſezen. Man

glaubt nicht, daß diese Alterthümer, es seien, um
welcher willen ich mir so viele Mühe gab. Betrübt genug! Haller schreibt mir, er sei kein
Deutscher, und diß macht mich ein wenig unwillig gegen ihn. Sind die Elsässer auch keine
Deutsche, die Preußen auch keine? Ist Berner
und Deutscher zweierlei? Ich hielt es für einerlei, in dem Betracht, daß auch die Schweizer
zur deutschen Nation, aber nicht zum deutschen
Reich gehören. Ich werde ihm zu Anfang des
künftigen Jahrs antworten. Und nun noch einiges auf Ihr voriges Schreiben:

Klotz, und Andere, haben deutsche Worte,
aber deutsche Konstruktionen gewiß nicht: Die
Biegungen sind französirend. Doch, ich streite
nicht ferner um eine Sache, die weniger wichtig ist. Ferner, Sie scheinen mich nicht zu verstehen, wenn ich Sprache des Genies und Sprache der Nachahmung unterscheide. Eines gewissen Schriftstellers Styl nachahmen, ist doch deutlich, und durch Exempel bewährt: Sprache des

Genies, welche es sich selbst schaft, nemlich wenn
es eigenen Ton, eigenen Styl hat. Dieses ist so
verschieden , als verschieden die Genies sind;
sonst müßten alle Genies Einen Gang des Geistes
und Einen Ausdruk dieses Gangs miteinander
haben. Aber jeder zeichnet sich seine besondere
Bahn; auch im Ausdruke, und thut er diß nicht,
so ist er Nachahmer.

Und so hätte ich dann Ihre beide Briefe be-
antwortet. Beschließen Sie dieses Jahr glüklich,
und leben Sie recht lange für unsere Litteratur.

Hartmann.

Tübingen, am 28. Jenner 1773.

Da ich wirklich Briefe an Lavater und Haller zugerüstet, so glaube ich, ich könne auch ohne daß ich Antwort von Ihnen habe, dannoch schreiben.

Lavater habe ich aufrichtig geschrieben, Sie wissen meine Gesinnung. Es wäre mir lieb, Sie gäben ihm so viel Nachricht von mir, daß er nicht böse werde. Ohne Namen habe ich an ihn geschrieben; die Antwort soll er Ihnen zu= senden. — Ich erwarte begierig Antwort. Ein patriotisches Geschichtgen von Huber! Als er auf der Festung saß, hatte er weder Papier, noch sonst was zum Schreiben. Ohngefähr findet er durch ein Loch seiner Weste einen Bleistift. Nun läßt er sich alle Tage frisiren, sammelt täglich das Papier, worauf er sich wikkeln ließ, schreibt seine Gedichte darauf, verwahrt sie unter einem Brett, und schreibt sie erst nachher ins reine.

Wahrhaftig, immer wird mir der Mann gröſ-
ſer — und Er iſt mein Freund! der entzükend=
ſte Gedanke. O mein Beſter, Sie ſind Patriot;
und haben hiſtoriſche Auffäze — ſollen ſie nie
dem Publikum mitgetheilt werden? Ich betrübe
mich immer mehr; daß wir noch keine ganz gut
bearbeitete Geſchichte haben; und doch hierinn
auch den Britten nacheifern könnten.

Meine „Beſtimmung des Jünglings‟ iſt nun
wohl ſchon in Leipzig. Den gröſten Theil habe
ich zwar noch hier, aber auſſer den erſten Bogen
iſt alles übrige nicht deutlich genug. Wenn dieſe
Schrift Ihren Beifall erhält; ſo werde ich mich
freuen, und über den Tadel unſerer Zeitungen
lachen. Für dieſe habe ich ſie nicht geſchrieben.
Für Jünglinge beſonders; und wenn mir jezt
noch Greiſe ihre eigne Erfahrung mittheilen, ſo
muß das Werk intereſſant werden. Gewinne ich
dadurch nur einige Jünglinge meines Vaterlands;
ſo habe ich genug erlangt. Wider unſre ſiſte=
matiſche Theologie wird bisweilen auch etwas ge-

sagt, das Ihnen gefallen kann; und mein eignes
Bild werden Sie darinn erkennen, so gut ich
es zeichnen konnte. Ernst und Wahrheit zu pre=
digen ist mein erster Zwek. Dieses ist meine Be=
stimmung. Ich werde sie sagen, ohne Haß und
lieblose Urtheile zu achten. Meine Fähigkeiten
habe ich zuerst geprüft, und habe gefunden, daß
mein Empfindungsvermögen sehr reizbar; meine
Einbildungskraft feurig, oft Enthusiasmus ist.
Starke Leidenschaften, welche sich wechselweise
streiten.

Schreiben Sie mir recht viel über die „Be=
stimmung des Jünglings," besonders wo Sie mit
dem Plan nicht zufrieden sind. Ich werde mich
nicht schämen, es öffentlich zu gestehen, wo ich
gefehlt habe. Meinen lezten Brief und den Plan
der ganzen Schrift werden Sie erhalten haben.
Mit Begierde erwarte ich den Pak Bücher —
„die geistvollen Schriften," und die „Popische
Dunciaß." Sie sollen hier gute Wirkung haben.
Ich habe diese schon einigen versprochen, und

sie freuen sich darauf um so mehr, weil man sie
in Buchstaben nicht haben kann. Wie viel haben
wir gewonnen, wenn man nur einmal dieses
liest:

Hier schreibe ich Ihnen mein Gedicht an
Gemmingen *) ab:

Wer mit erfahrner Rechte Gesetze gibt,
Und unbestochen jede Verdienste wägt,
 Deß Name darf des feilen Lobes
  Nicht, noch des Zunge gedungner Redner.

Er unterwiesen, wie man dem Volke räth,
Im Saal der Richter, und wenn die Schwerdter ruhn,
 Wie man die ausgestorbne Dörfer
  Wieder mit fleißigen Pflügern fülle;

Wägt mit der ernsten Wage Gerechtigkeit,
Spricht nie für Frevler, welche der Purpur deckt,
 Erwärb' er sich auch gleich die Hälfte
  Ihres von Hirten geraubten Goldes.

*) Dieses Gedicht ist zwar schon in „Wagenseils Sammlung
von Hartmanns Schriften" abgedruckt: allein theils auf
Bodmers Befehl, theils um meinen Landsleuten das An

Er haßt des Köflings Sitten, entfernet sich
Und sucht dem Sklaven, der um Werdienste buhlt,
Die ihm ein thatenloses Leben
Auch bei dem Schimmer der Orden abspricht;

Er dient dem Fürsten, ohne belohnt zu seyn,
Mit gleicher Treue, selber des Fürsten Herz
Ist ihm ein unzerstörbar Zeugnis,
Daß er der Wahrheit und Treue huldigt.

Ob ihn der Fürst auch hasset, doch schätzet er.
Der Wahrheit Stimme, welche mit offnem Mund
Das Laster feiler goldner Knechte
Auch an dem Liebling des Fürsten strafet:

Im Saal der Richter sitzt Er der Erste; Recht
Strömt von den vollen Lippen: ihn kennet nicht
Der Unterthan des Unterdrükers,
Noch die gerettete frühe Wittwe.

Denn seines Namens Herolde dingt er nie;
Auch darf er keines Lobgesangs, unbemerkt
Wie vor den Augen eines Richters
Handlen — diß ist ihm Gesetz und Eidschwur. —

Denken eines verdienstvollen Mannes recht lebhaft ins Gedächtnis zurükzurufen, lasse ich es hier dennoch abdrukken.

Dann flie ein Mann vom Städtegeräufch entfernt,
Und fammelt Thaten, ewigen Ruhmes werth,
  Und fchreibe fie mit der Wahrheit Griffel
    In die Gefchichten auf ferne Nachwelt.

Soll ich fie nennen, deren Erinnerung
Aus grauer Vorzeit thatenbelebet bleibt,
  Und von Gefchlechtern auf Gefchlechter
    Tönender immer mit Meeren forttaufcht?

Sie nennt mein Lied nicht; Deutfch ift und wahr
      mein Lob,
Und hätt' ich Fürften feilen Gefang gebracht,
  Geh unter: künftig ift der Wahrheit,
    Und dem Verdienfte die Saite heilig.

Unfterblich macht den Barden der hohe Flug,
Und feines Liedes Wahrheit, nicht falfcher Schmuk;
  Mit des Tirannen leztem Hauche
    Stirbt auch der Nachhall des feilen Lobes.

Die baut' ich Maale nicht von korinthifchem
Gediegnen Erzte, hätt' ich den Flug erreicht,
  Den fonnenwärts der groffe Sänger
    Gottes genommen; ich fäng' ein Lied dir,

Münchhaufen! Trümmer follte dann fchon das
            Maal

294

Des längst vergeßnen Königes seyn, mein Lied
Ein später Enkel lernen, und nach
Aehnlichen Thaten begierig dürsten.

Ha! find' ich keinen Namen der Ewigkeit
Und Nachwelt heilig, keinen mein Vaterland?
Und bist du Heimat die geringste
Unter den edleren Töchtern Deutschlands?

Ha! zween erkenn' ich. Einer dem Dänen gleich,
Dem Liebling Friedrichs — dessen erhabner Ruhm
Sich in dem Lied des größten Barden
Ueber des Eichenhains Wipfel aufschwingt!

Ein andrer — offen wallt ihm mein Herze zu —
Sein hoher stolzer Römergeist achtet nicht
Der Fesseln, wenn's der Freiheit seines
Vaterlands gilt, und des Bürgers Hütte!

Und beid' an Weisheit Sokrate ihrer Zeit,
Und beide Dichter, edel und stolz und gut:
Auch richtet jener noch im Volke,
Dieser beweinet der Sitten Hinsturz.

Von tausend andern schweiget mein Saitenspiel!
Dann ihrer keiner ringt um den Palmenkranz;
Auch kam in ihre schwarze Seele
Nie der Gedankenflug kühner Thaten.

Noch kenn' ich edle Jünglinge — schweige nicht
Gesang! Sie glänzen einst in der Folgezeit,
Mit ihnen keimet meiner Heimat
Hofnung, wie Blumen in weichen Thälern,

Wie glüklich bin ich Jüngling, ihr Zeitgenoß!
Begeistert seh' ich Männer, sie stehn am Ohr
Gerechter Fürsten, erste Räthe,
Priester und Richter im freien Volke.

Und kann ich Sänger keine der Thaten thun,
Nach denen heiß ich dürste, so sing' ich nur
Verdienten Lobspruch, daß mein Name
Auch mit dem ihren zur Nachwelt ströme.

Was halten Sie, mein Bester, von diesem
Gedicht? Sagen Sie mir Ihre Meinung auf=
richtig.

Hartmann.

Tübingen, am März 1773.

Der Tadel meiner „Feier" ist mir der deut=
lichste Beweiß Ihrer Liebe. Ich suche die Wahrheit, und liebe den, der mir den Weg sie zu
erlangen zeigt. Und nur Sie allein haben sie
auf der rechten Seite betrachtet. Und dennoch
werde ich noch einiges dagegen ohne alle Eigen-
liebe sagen. Ob Gustav mein Lob verdient,
muß sich erst ganz zeigen. Izt noch hat er vieles
Gute gethan, und ohne alles Blutvergießen.
Er selbst nennt sich den ersten Bürger des Staats,
und da er Despote werden konnte, hat er willig
dieser Macht entsagt; — und ich habe immer
den guten Fürsten geschildert. In Vergleichung
einiger deutschen Fürsten gewinnt er immer un=
endlich. — Gut war die Verfassung in Schwe=
den nicht. Auch hat Gustav den Senat nicht
aufgehoben; der Despotismus wird nie überhand
nehmen. Die Nachbarn von Polen sollten Polen
wieder glüklich machen, ohne sich in das Reich

zu theilen. Dem Bauer der izt Sklave ist, die
Rechte der Menschheit geben, aber nicht selbst
Gewalt üben. Wegen Polen werden noch Millio=
nen Menschen gewürgt werden! Ueber diß habe
ich den Flor geworfen, weil ich nicht traute,
dawider zu singen.

Die Stelle von Frankreich ist nicht grausam
— denn die Drohung ist nur in dem Fall, daß
es die Ruhe der Deutschen stört — dann ist es
nimmer grausam. Mein einiger Wunsch ist Friede:
diß athmet mein ganzes Gedicht. Wenn Sie
gefunden haben, daß nicht blos die Namen, Va=
terland und Freiheit, im Gedicht wiederholt wer=
den, sondern wirklicher Patriotismus spricht, so
ist diß das beste Lob meines Gedichts. Mit eben
dem Rechte, mit dem Klopstok Todesengel er=
dichtet, und Schuzgenien, mit eben dem Rechte
seze ich einen Engel zum Genius dieses Jahrs.

Er tritt auf sterbende Helden, und sehr na=
türlich, daß das Blut alsdann hervorsprizt un=

ter den Ferſen. Mir kam es wenigſtens ſehr
natürlich vor. Diß wollte ich malen, dieſe grau=
ſame Szene! Es bezieht ſich der Geſang auf den
Geſang an den Genius des vorigen Jahrs, wel=
chen ich hier beilege. Eben ſo deutlich läßt ſich
die Metapher, die Mutter der Germanen, ent=
ſchuldigen, wenn man den Namen einer Nazion
vergöttern darf — und diß iſt nicht einmal ver=
göttert, ſonſt müßte die Mutter der Menſchen
auch ein Phantaſma ſeyn. Wie groß, wenn ich
die Mutter einer ganzen Nazion ſprechen laſſe.
„Stimmen der Kehlen“ — iſt die Stimme die=
ſer Germania.

Der Sonne habe ich vieles zu danken. Ohne
ihren warmen Stral hätte ich weniger Troſt in
meinem Kummer gefunden, und ich habe wirk=
lich mich vorigen Sommer in die Sonne gelegt,
und gedichtet. H.—s Name wird ſo ewig ſeyn
als der Nekkarſtrom.

Der Haſſer des deutſchen Lieds iſt Ludwig.

der Fromme, Karls Sohn, der nach dem
Zeugnis vieler, den Barden sehr feind war,
weil ihn sein Vater in seiner Jugend genöthigt
hatte, die Lieder derselben zu lernen. Beinahe
die ganze französische Nazion ist wirklich reich-
lich; die wenigen Patrioten machen noch eine
Ausnahme. Die Schriften, welche Sie nennen,
habe ich nicht gelesen. Hier hat sie niemand,
und sie selbst zu verschreiben, hindern meine Umstände. Sagen Sie mir immer ohne alle Scho-
nung die Wahrheit. Es erwekt bei mir keinen
Unwillen: das müssen Sie wissen, um immer
die Freiheit eines Republikaners gegen mich zu
behalten. Für die Nachricht von Füßli bin ich
Ihnen sehr verbunden. Zu gut halten müssen
Sie es mir, daß ich die Mittheilung der „freimüthigen Nachrichten" verlangt: Ich dachte, es
wären etwa zwei oder drei Bändchen. Alles, was
Sie mir schikken, auch wenn Sie mir die Fortsezung des „Archivs" senden, will ich drukken
lassen; aber Cotta nimmt es nicht. Er hat
keinen Sohn. Ich habe wirklich schon sie eini-

gen Buchhändlern angetragen. Den M. * *
kenne ich nicht von Perſon — Er iſt ein
Mukker, und er hat mir hier den Verdruß we=
gen Lavaters Brief gemacht. Doch iſt nun
alles ſtille. Ich dachte wohl, daß Sie nicht
zürnen würden — aber, obſchon Haller mir
den ſchönſten Brief geſchrieben , ſo war er doch
unwillig nach dem Zeugniß des Herrn M.Theu=
rers, daß ich ihm einige Gedanken über ſeinen
„Uſong“ zugeſchikt, ſogar, daß er über mich
geſchmäht hat. Ich werde ihm alſo nun ſo bald
nicht mehr ſchreiben. Ich habe mir nun feſtge=
ſezt, niemand meine Gedanken aufzudringen, der
darüber zürnen könnte. Ich hätte es von Hal=
ler am wenigſten gedacht.

Erſt im Jahr 1828 bin ich ſo alt, als Sie
izt ſind. Ob ich dann auch noch dichten werde,
das weis ich nicht. Der Anfang Ihrer „Kreuſa“
iſt ſehr ſchön. Ich wünſche, das Ganze zu ſehen.

Leſſing hat in ſeinen „Beiträgen zur Ge=

schichte und Litteratur" die Zahl der Fabeln der
Minnesinger auf hundert gebracht. Nur billige
ich den Ton nicht, mit welchem er gegen die
Schweizer spricht. Wenn Sie sie noch nicht
haben, so will ich sie Ihnen mittheilen. Doch
Sie erhalten vielleicht solche Schriften noch
bälder als wir. Lessings Stolz gefällt mir
nicht.

Wie ist Lavater gegen mich gesinnt?

Nun arbeite ich an einer „kleinen Geschichte
Wirtembergs — wenn sie fertig ist descender in
aures tuas; nicht „Biographie der Fürsten," sondern
„Geschichte des Landes, und der Sitten!"

Ihre Arbeiten sollen bald einen Verleger
finden — Aber erlauben Sie dem Jünglinge
nicht, daß er einen Vorbericht dazu schreiben
darf? Und wollten Sie diesen nicht vorher selbst
durchsehen? Wie sehr sollte mich dieses freuen!
Ein Blik auf unsere heutige Litteratur, wo ich

Gelegenheit hätte, manches gegen unsre Gözen
zu erinnern.

Huber arbeitet izt an Gebeten und Psal=
men — aber seine Gedichte will er dem Publi=
kum nicht mittheilen — darüber bin ich oft
böse.

Hartmann.

Tüblingen, am 12. Merz 1773.

Segne Sie Gott; bester Greis! für die gü=
tige Gesinnung gegen mich. Wie kann ich Sie
dafür belohnen! Ihr Vater denkt also nur zu
gut von mir. Ich bin nichts, als eine Stim=
me, auf die man hier nicht achtet. Der Druk,
die Verfolgung wird immer grösser. Erliegen
werde ich nicht, aber das äusserste! fliehen — und
weinen. O wenn mich ein Engel künftigen Som=
mer in Ihre Umarmung führte, dann würde ich
Ihnen erzählen, was ich von den hiesigen Dum=
sen leide. Aber:

„Sie ist nicht werth, so eine Welt, wie diese,
Daß man ihr eine Thräne weihe."

Hat die Welt kein Pläzchen, kein Hüttchen,
kein schwärzes Stük Brod mehr für mich — dann
gehe ich in eine bessere Welt, wo kein Schiksal
mehr die Seelen trennt; die sich den Eid der

Liebe zugeschworen haben. Dann werden wir uns mit himmlischer Wonne umarmen können. Früher werden Sie das Ziel, den Lohn Ihrer Verdienste, erreichen. Sie lassen thränende Freunde zurück: ich bin vielleicht der jüngste Ihrer Freunde: aber ich habe ein Herz, das sich zu Ihnen sehnet, auch, wenn Sie schon drüben sind in den Hütten der Gerechten.

„Werde mein Engel, o Bodmer! und leite des bebenden Jünglings
Tritte, wenn ihm das Laster mit schmeichelnder Anmuth noch zuwinkt,
Leite mich dann zur Tugend zurük, und wenn ich sie wandle
Diese Pfade, die ich zu wandeln verlange, dann lächle
Mir Zufriedenheit zu; wenn aber ermüdet ich sinke
Unter der Thoren Händen, dann richte mich auf, und stärke
Meinen bebenden Arm; bis er die Thaten vollbracht hat."

Bei der Stelle; „Sie sind für mich zu späte, oder ich für Sie zu frühe in die Welt gekommen," weinte ich, und dachte an die Ode, welche Ihnen Klopstok gewidmet hat. Sie

machen mich traurig. — Aber nein, nicht zu
späte; ich habe noch Ihre Freundschaft erhalten,
und wir werden einander noch sehen. Diese Hoff-
nung stärkt mich.

Die wenigen Tage, die wir noch in beständ-
iger Unterhaltung miteinander brauchen können,
sollen nicht ungenuzet seyn. Nur Ihre Umarmung flehe ich noch von Gott, und er wird
meine Bitte hören. Ich denke wehmüthig an
diese Scheidung, aber nicht auf ewig. Ich
werde Ihnen bald folgen, in dreißig Jahren,
(vorigen September habe ich das zwanzigste Jahr
zurükgelegt,) ein Augenblik gegen die Ewigkeit,
die wir mit einander leben werden. Vielleicht
noch bälder. Indeß sollen Ihre Schriften mir
das heiligste Vermächtnis seyn. Da ich jezt einmal von dieser möglichen Trennung rede, — ich
weiß, ich darf mit Ihnen davon reden; so laf-
sen Sie mich alles sagen, was ich auf dem
Herzen habe. Ihr Leben soll niemand schreiben
als ich: der jüngste vielleicht, der lezte Ihrer

Freunde glaubt ein Recht dazu zu haben, weil
er es ist. Ich bin recht stolz darauf, wenn sie
es erlauben. Dann soll Ihr leztes Vermächt=
niß an mich dasjenige seyn, was sie bis daher
vielleicht selbst aufgezeichnet haben. Für mich
sollen Sie es zurüklegen, und einen Segen da=
bei für mich. Wie vieles muß ich Ihnen noch
sagen! Leben Sie noch lange ein Leben, das Sie
in Ewigkeit nicht reuen darf. Für die Manu=
skripte, die Sie meiner Hand anvertrauet ha=
ben, tragen Sie keine Sorge; ich sehe mich
wirklich nach einem Verleger um. Mit welchem
Entzüken werde ich sie den Liebhabern Ihrer ed=
len Muße mittheilen! Ich habe schon verschie=
dene Abschriften davon genommen, alle zugleich
könnten nicht untergehen. Vielleicht gebe ich
eine davon in Hubers Hände. O bester Klop=
stok! der Ihnen einen gefühlvollen Brief ge=
schrieben. Möchten Sie mir denselben nicht mit=
theilen? Er soll wieder sogleich zurükfolgen. Er
liebt Sie gewiß, und mich sollt' er, mich nicht
auch lieben können! Ich wünschte es sehr. Er

nimmt Ihnen gewiß Ihre „Cherusken" nicht übel;
das traue ich seinem edlen Herzen zu. Und ich
— ich schwöre es Ihnen, das genus irritabile vatum
macht bei mir eine Ausnahme. Sagen Sie mir
immer die Wahrheit, ich werde Sie immer mehr
lieben ; denn nur daran erkenn' ich, daß Sie
mich lieben. Wenn ich Sie nicht kennte, so
würd' ich oft mit meinen Einwürfen geschwiegen
haben. Es ist dreist, wenn ein Jüngling, der
erst 20 Jahr alt ist, einem Greise, wie Sie
sind, widerspricht. Aber ich kannte Sie, daß
Sie mir meine Kinderfragen und Einwürfe nicht
übel nehmen. Die Vergleichung zwischen „Usong"
und dem „goldenen Spiegel" unterbleibt, auf Ihren
Rath, noch einige Zeit, bis ich die Bücher kau=
fen und lesen kann. Gegenwärtig sind sie nicht
einmal in den Buchläden zu haben. Erst kürz=
lich hab' ich mich recht sehr in dem „l'an deux
mille quatre cent quarante" erbauet. Die Dedika=
tion schon — mit welchem Feuer, Patriotismus
Adel der Seele geschrieben! Der Ausdruk ist
ungemein stark; aber so haben die Franzosen nur

Wenige. O, wüßte ich den Verfaſſer! Er iſt
Patriot, er denkt wie ich. Sie müſſen es doch
ja auch geleſen haben. Wieland führt es öf=
ters in ſeinem „goldenen Spiegel“ an — aber
itzt zieh' ich es „Uſong“ und ihm vor.

Dem Rouſſeau hat es viel geſchadet, daß
Wieland wider ihn iſt. Schiffen Sie mir die
Parallelſtellen zu „Maria von Brabant.“

O mein beſter Greis! für mich hat dieſe
Welt beinahe keine Freuden mehr — ich ſehne
mich nach der zukünftigen. Nach den lezten Au=
genbliken des Todesſchlummers folgt Entzüken, folgt
Wonne der Unſterblichkeit. Dann werden wir
die ewige Wahrheit unverhüllt ſehen; dann werd'
ich meine Beſtimmung ganz erkennen, die ich izt
nur halb ſehe. Aber doch will ich Gottes Ab=
ſichten mit mir hier erfüllen. Unmöglich kann
er mir dieſe unüberwindliche Liebe zur Wahr=
heit umſonſt gegeben haben, unmöglich dieſen
unwandelbaren Sinn, der ſich durch Trübſalen

durchschlägt. Entweder muß Recht und Wahr=
heit siegen, oder ich sterbe mit ihr. Das bin
ich, entschlossen: die Welt urtheile, wie sie will.
Niederträchtig kann ich nicht handeln, und krie=
chen auch nicht; das ist ganz gewiß. Aber lei=
der werde ich müssen. Es mag seyn! kleinmüthig
macht man mich nicht. — Hab' ich erst einmal
ein Pläzchen, und bin ich los von allen Ver=
bindungen, dann sollen es meine Widersacher füh=
len; ich würde es schon gethan haben, wenn nicht
Huber immer sagte: ich solle zuwarten. Der
gute Redliche glaubt, es wäre Schade, daß ein
Jüngling so frühe schon sich der Wahrheit opfer=
te, ehe die Welt ihn genauer kennt. Gott, ist
denn in aller Welt die Rechtschaffenheit ein Fluch?
muß sie überall im Staube liegen, und wird sie
überall von Buben, von alten Buben entehrt?
O, Sie werden nimmer lange ein Zeuge der
menschlichen Bosheit seyn! Flehen Sie zu Ihrem
Schöpfer um meine Ruhe, um etwas mehr Gleich=
gültigkeit — denn jezt kann ich die Laster nicht
ohne innigste Wehmuth mit ansehen, und geben=

len Sie auch meiner, wenn Sie schon drüben
sind. O ließe es Gott zu, daß ich Ihnen bald,
recht bald folgen dürfte. Indeß wie unser Schöpfer will.

So lange wir uns noch mit einander unterhalten können, so lange müssen wir es thun, und
recht oft thun. So oft ich einen Brief von Ihnen lese, bekomm' ich neues Leben, neue Stärke. Und müssen wir uns trennen, dann schreibe
ich dannoch an Sie. Vielleicht nehmen die Seelen in den Hütten der Gerechten noch Antheil an
demjenigen, was ihre Freunde hier thun; und
ist diß, so wird es Ihnen auch nicht unbekannt
seyn, was ich dann an Sie schreibe, mit eben
der Zuversicht schreibe, wie Klopstock an seine
verklärte Meta. Fulda liebt Sie; das hat
er mir jüngst geschrieben. Mit Weinen umarme
ich Sie.

Hartmann.

Bodmer nicht verkannt.

Anhang.

Dieses Gedicht sandte mir Bodmer kurz vor seinem Ende mit dem Auftrage, dasselbe, als ein Denkmal für seine Freunde, dieser Briefsammlung anzuhängen. Ich theile es allen Freunden Bodmers in der Ueberzeugung mit, daß ich ihnen, wenn sie vielleicht schon nicht überall seiner Meinung seyn können, ein angenehmes Geschenk damit mache. Uebrigens hat dieser Schwanengesang des verewigten Greises folgende Veranlassung. Ich hatte ihm meine Elegie am Grabe des J. J. Rousseau mit folgenden Zeilen gewidmet:

Dir, o Bodmer! unsrer teutschen Musen
    Grauer Nestor! weiht diß Klagelied
Fromme Ehrfurcht, Liebe, die im Busen
    Deines Freundes, deines Sohnes glüht!
O schon seh' ich auf diß Blatt dich weinen,
    Segnen dich des Weisen Grabesruh'!

Denn sein Loos — fürwahr es glich dem dei=
nen! —
Edel war er und verkannt wie du!

Die lezte dieser Zeilen war es, was nach
einem Briefe Bodmers an mich das ganze
Gedicht hervorbrachte.

St.

Bodmer nicht verkannt.

Bodmer ist nicht verkannt, verkannt sind nur die
Gedanken,
Die er behauptet, die fern von Mävens Empfänglich-
keitskreis sind.
Denn er behauptet, daß Cäsar den Staat der Quiriten
gemordet,
Ohne mehr Adel der Seel', als Catilina, gehabt hat;
Daß Marc Brutus den Dolch in die Brust des Wolfes
gestoßen,
Der die Mutter, an deren Brust er gelegen, zerrissen;
Daß Augustus den Vater des Staats getödtet, die Zunge,
Von der Weisheit und Honig floß, an die Rostra geheftet.
Was noch ärger ist, er behauptet laut und mit Wärme,
Daß ein Mensch von bösem Gemüth ein böser Poet sei,
Daß ohn' Unschuld und Ernst die Grazien Mezen vom
Dorf sey'n.
Freilich verkannt' ihn, der des christlichen Glaubens Apostel
Nicht seyn ließ, was sie sind, der erstlich den weisen Aesopus
Hatte mißhandelt, hernach die heiligen Männer und ——
Klosen.
Ihn verkannte, der Brutus Platonisme zu edel
Schalt, dieweil er ihn zu der unerhörten That rief,

Daß er den Hochverrath mit dem heimlichen Dolche bestrafte,

Als der förmliche Weg ihn zu strafen lange gesperrt war.

Billig mißkennt ihn das Heldengeschlecht, so die Bühne
beherrschet,

Welches in G moll raset, in Trillern spottet, in Fugen

Geist und Seele verhauchet. O fasset ihn in den Verdacht
nicht,

Daß er dem Lob nachstelle, das N.....s Gewerb ist.

Niemals sah' man ihn böse, wenn Riedel ihm eins
an das Bein gab

Wenn Michaelis der Bißling, und nicht der Ritter,
ihn schmähte,

Der so unwürdig war, an Gleimens Tafel zu sitzen.

Bodmer machte nur Anspruch auf die Liebe der Edeln,

Und er durfte sich sonder Wahn und öffentlich rühmen,

Daß ihn die Besten im Staat, in der Kirch', im Lehn-
stuhl geachtet.

Brüderlich lebte mit ihm die blühende Hofnung des Staates,

B..s, der ein neues Licht, mehr Adel der Seele, mehr
Würde

In die Gemüther verhieß zu pflanzen, und hätt' es vollzogen,

Hätte der Tod ihn, das theure Geschenk, dem Staube
gegönnet.

Welche Hofnungen starben mit ihm! Von der Höhe des
Pindus

Kommt, o Pierinnen! mit Körben voll Lilien und Rosen.

Laſſet uns auf ſein Grabmal Blumen von Purpurfarbe
Streuen, ich will mit der ſchlechten Gabe die Seele des
Edeln
Ehren, der nur erſchien, den das Schickſal uns raubte,
bevor er
Zürich die Wohlthat verſchaffte, die er im Buſen verwahrte.
Was zu vollziehn ihm mißgönnt war, that Heidegger
dem Staate,
Bracht' in den Rath und in die Diäten der Kantons die
Einſicht,
Stärke der Seele, den Muth, die Würde, die ihm bei
den Heimiſchen
Liebe verdienten und Achtung den Republiken bei Herrſchern.
Was er für Zürch gethan, das begann Zellweger
für Andre;
Doch von ihm nahmen das Gute, womit ſein Buſen er-
füllt war,
Leute nicht an, ein Volk, das eifernd auf die Lizenz war,
Obs ihm gefiel zu verſchmähn das Gute, das ſchlechte zu
wählen;
Eifer für Wohlfahrt des Lands bracht' ihn beinah' auf
das Schaffot.
Bodmer mit dieſen breiten verſaß am Kamine die Stunden,
Lachte mit ihnen. Im Schlafrok der Etikette der Groſſen,
Bis der Kaffee geröſtet, die Molke vom Hirten gebracht
ward.
Alſo wenn Scipio's Hoheit, des ſanften Laelius Weisheit

Von den Geschäften des Staats sich zu sich selber begaben,

Lachten sie mit Luzil der römischen Dunst. Der Neid

kann

Mit der schwärzesten Galle, dem strohlichten Haare nicht

leugnen,

Daß die Häupter des Staats nicht Bodmern haben

geachtet.

Blaarer und Ott verschmähten nicht seinen „Brutus

und Schöne,"

Wie Terenzens „Ennuch" nicht der Scipiade verschmähte.

Gott! mit Blaarer verwelkte die Blüte der lieblichsten

Rede,

Die mit der süßen Frucht erfreute; von Blaarers

Lippen

Flüßte sokratische Weisheit der Geist in sokratischem Wiz.

O sie beschalten ihn nicht, und hießens nicht Bosheit und

Galle,

Daß er ohne Verschonen auf Gottsched hieb und auf

Schwaben;

Daß er fragt', ob Lessing in seinem Herzen die Wahrheit

fände, die aufzuspüren ihm Meißner die hülfliche

Hand bot.

Bos der andere liebt ihn, in welchem der Erste dem

Staate

Wieder lebet, des Himmels Geschenk; die Liebe des Vaters

Ward ihm zum Erb' und pflanzte sich fort vom Sohne

zum Enkel.

Zimmermann achtete Bodmern , sein Altersge=
fährte, der Wahre,

Einfache, nur der Wahrheit treu und den Jüngern der
Wahrheit,

Wie in bessern Tagen die Einfachen, Crusott und
Steinbart,

Männer, wie Christus sie wollt', und der Antichrist nicht
verderbte.

Zimmermann mißverstanden die Schriftgelehrten und
Priester,

Christus Lehre doch mehr, zu klein, um sie zu verstehen.

Werenfels, groß und edel, die Lehre Christi zu fassen,

Dachte mit ihm. Von Bodmers Begleitern im Früh=
ling des Lebens

War auch Hagebuch, der mit ihm auf klassischem Grunde

Wandelt', er war der Nomenklator der Hauptstadt Quis
rinus;

Hagebuch war mit der Limmat Gestad nicht bekann=
ter, dem Tempel

Nicht, von welchem der steinerne Karl herunter auf Zürch
schaut,

Nicht mit der Brüke, die beide Gestade des Flusses ver=
bindet,

Wie ihm die Tiber, das Kapitol bekannt war, die Tempel,

Und die Götter der Tempel und Hain', und die appische
Straße,

Und die Begräbniß' am Wege waren; wie die im Senate

Wie der wohlredenden Zunge herrschten, im Feld mit den
Waffen.
Aber zurück blieb Bodmer, ihn hielten nicht Burmann, noch Bentley.
Addison nahm ihn in seine Stubbe, er folgte dem Führer
Zu den Menschen von unseren Tagen und unserm Kostüme,
Als Breitinger von Perßus weg zu Montaign' und
Bouhours;
Eine Seele mit ihm, sie schwuren bei allen Kamönen,
Daß sie die Dummheit wollten in ihrem Size befehden.
Und nicht lange, so trugen in ihrem Gefolge die schönsten,
Edelsten Geister die Waffen; Soldaten Apolls und der
Muse;
Bodmers Begleitung im Feld, die seine Seite bedeckten,
Die zu ihm überliefen, und die sein Zuruf entflammte, —
Ihre Zal ist nicht klein, und ihre Namen nicht dunkel.
Sagt sie mir Musen, Bewohnerinnen des hohen Olympus!
Nennt sie bei ihren Namen, und zeichnet die Züge der
Edeln!
Pyra führte den ersten Streich nach Myda's Apostel,
Arm an Silber, doch reich an Herz und Gaben der Muse.
Lange, sein Busenfreund, der erste, der Friedrich
gesungen,
Langens Gattinn, die Frau, die ihn mit höherem
Schwung sang —
König, der die friedfertigen Schlachten Augustens ge-
sungen,

Als im Schlachtfeld der Freund die Lanze gegen den Freund
warf;

Doch vor dem Stiche der Mutter nicht graute, der Schwester, der Braut nicht.

Rost, der das blumigte Nesschen mit einem Blatte be-
deckte,

Der es zu fühlen gab, indeß er's schien zu verhüllen.

Hagedorn, dem der Wein und die Lieb' Empfindungen
winkte,

Die im scytischen Becher nicht Bacchus, am Busen der
Schönen

Venus nicht winkt; Ernst athmet in seinem Lied und
Aglaja.

Gleim, in dessen Gemüth sich der Geist Anakreon's
senkte,

Der das Geschlecht der Mädchen liebt, die Blonde, die
Braune,

Jeder getreu, doch Keiner an ihren Busen sich legte.

Zärtlich, wie Gleim, ist Jakobi, sein wiederscheinender
Abglanz.

Von den Schlegeln der Erstgeborne, der starb, und
Thalien

In den Händen der Räuber ließ, von ihm nicht beschützet.

Liskov trug der Philippi Lob vom Ufer der Elbe

Bis an den Rhein, und hätt' er Papier gehabt im Bü-
cette:

O so hätt' er das Lob der Kloz' und Riedel gesungen.

Wr. b. D. 2. Th.   X

Maro verkündigte so die Schande der Raben und
Mopse.

Elstov hätte der habichte Schnabel und Fittchen
beschnitten,

Eh' sie flüke geworden und Haken den Klauen gewachsen.

Deutscher sei stark, und verwirf nicht seine Satire! was
schadets,

Daß sie persönlich ist, wenn sie nur gerecht ist. Dein Tadel

Fällt auch auf die Person, wenn du ihm Grollen zur
Last legst

Ist es ein Herz voll Hasses, das Unsinn strafet und rüget?

Gehet es, wird der Dunß verlacht, an die Ehre des
Menschen?

Ist es unsinniger Spott, der Geschmak und Sitten in
Schuz nimmt?

Rabner von sanfterm Gemüte verfolgte nur Elstern und
Hähne,

Ohne Kühnheit, die Vögel von zakigten Schnäbeln zu
jagen.

Gellert verzieh, daß Bodmers Dariko lauter und
wärmer

Klagte, sie klagte wie Ariadne von Theseus verlassen;
Und verzieh, daß zum andern mal Monima den Knoten
Knüpft, und, als er zerriß, dem halben Manne den Hals
bot.

Potelwiz mußte die Maske nehmen, dem Haß zu ent-
gehen,

Der den Satir verfolgte, der in die Kohlgärten einfiel,
Nisus und Anne Dore sang und von Bodmer
geliebt ward.

Aber wer kennt den nicht, der des unzufriednen Ag n
nors

Tausend Wünsche zu stillen, in tausend Gestalten ihn um=
wand;

Mit Zachariä's Kunst, der Selindens Wangen zu küssen
Walamirn in die Gestalt, den Pelz, die Farbe der Thiere
Wandelt'; er sang als Däpchen im bunten Gefieder Jean=
notten.

Gärtner schrieb die „geprüfte Treu',“ und lebte des
Beifalls

Satt, und des Lobes, und kostete vierzig Jahre kein an=
ders.

Giseke sollte gelebt und immer als Mann und als Alter
Haben gescherzt, wie er als Jüngling unschuldig gescherzt hat.
Ebert ergoß mit Young in Antithesen die Schwermut
Um den Kirchhof, er machte durch wilde Tropen sie schwerer;
Trauriger ward die Trauer, die Thränen doch, die er
weinte,

Hatt' er selbst bei dem Licht der Lamp' einst weinen ge=
lernet.

Klopstock riß sich von Fanny, in Bodmers Arme
zu fallen,

Als von Bodmer sich weg, in Bernsdorfs Arme
zu fallen;

Bernsdorf schafft' ihm die Ruhe, die sanfte, sorg-
                    lose Musse,
Daß er Gottes Geheimnisse sänge, das Blut der Versöh-
                    nung;
Erstlich den Mittler, der, an dem Kreuz hinneigend das
                    Haupt, starb,
Dann den Erlöser, der zu der Rechten des Vaters sich
                    sezte,
An den Christus, den Klopstoks Muse mit Pindarus Glut
                    sang.
Glaubete Heß, wie er an den von Nazareth glaubte,
Den der heilige Paul, den Luther predigt' und
                    Zwingli.
Kronek empfahl die lezten von seinen Geburten des Geistes
Bodmern im Todeskampf; ihn hatte das Schiksal er-
                    eilet,
Eh sie zur Reife wuchs, sie blüht' in der glänzenden Knospe.
Wieland im Garten Bodmers und unter Holunder-
                    gesträuchen
Saß' im Schatten und horchte der patriarchischen Muse;
Jugendlich war das Lob, das er dem Gastwirth ertheilte,
Nur des Jünglings; auch nahm ers gereift zum Manne
                    zurüke.
Gemmingen gab die Muse, den Hain zu schildern, die
                    Farben;
Alsobald nahm er dem Land den schönsten, den lieblichsten
                    Schmuk ab.

Aber ihn hatte die Vorsicht zu höhern Thaten geweihet,

An dem Steuer des Staats zu stehn, die Sitten und Rechte

Vor Mißbrauche zu sichern, Geschmak und Künste zu schützen.

Fremdlinge waren die all', itzt nenne die Edeln der Heimat.

Haller, der erstlich den Vers der Deutschen mit Sachen beschwerte;

Drollinger macht' ihn lieblich, und malte die grünende Kühle,

Fern von Bodmer hat Bern den Geometer gejaget,

König; sie jagte, mit leerer Tasche, gebeugt an dem Stabe,

Ihn zu Orange, der den verschmähten, verkannten erkannte:

Hier entdekt' er die Blöße, die mit gaskonischen Larven

Maupertuis dekt', und hätt' er gelebt, so hätt' er den Stolz auch

Niedergelegt, mit welchem der Britt' auf Leibniz herabschaut.

Ob er mit Henzi den Staat im Grund zu erschüttern geschworen,

Fraget mich nicht; die Dummheit in ihrem Sitz zu erschüttern

Schlug er mit Henzi die Hand in Hand, und sie kochten den „Salmis." *

* Was Bodmer hier sagen will, kann ich nicht errathen. D. H.

Also verkannt' Sanct Gallen den Religiosen und Weisen,
Der des Menschen nicht Räthsel empfelen wollte, die jeder
Möcht' auflösen, wie's ihm gefiele; Rechtschaffenheit, Tugend,
„Bis zu der höchsten Stuf' erhoben, erkannt' er für gnug-
sam,
Was von der Leidenschaft für Unheil entstehet, zu däm-
pfen;
Wägelln gieng nach Berlin; der Antoninus der Brennen,
Saß' und erkannte schnell den Religiosen und Weisen.
Müller auch fand in Friederichs Schoos die Ruh-
statt der Füsse
Von der wandernden Flucht; geschützt von Friederich
entreißt er
Landgraf Hermans Poeten dem nahen Verderben; sie waren
Lieblinge Gutta's, Vertraute der Gräfinn von Cleve;
wer geht nicht
Gern in die alten Tage zurük, und lebt mit den Frauen
Und genieset die Früchten des Wizes, die sie so sehr
liebten.
Brüderlich eiferten einst um Klopstoks Liebe die Hirzel
Mit dem alternden Mann, und er gab sein Herz an die
jüngern.
Hirzel, dir danket Bodmer, daß du den Freund mit
ihm theiltest,
Kleist, den Dichter am Pult und in dem Schlacht-
feld den Helden.
Himmel! er war der Liebling der Mus' erschaffen, sie hatte

Selbst ihn gesäugt, ihn riß von der Brust ihr Grablous,
der Würger.

Zürne mit Bodmern nicht, Bruder des Arzts, daß Ju=
nius Brutus

Den du ihm weihtest, mit seinem Marcus Brutus
geschmäht ward;

Ehr' ists, daß sie euch beide schmähn, sie schmähten zu=
vor schon

Den, der dem Staat den Vater, und den der den Freund
ihm geopfert.

Thränend sing' ich die Ehre, die Liebe, mit welcher den
Dichter

Noahs und Elphas auch Sulzer liebte, wie diese
sich liebten.

Liebe war es und Ehre, die, wie das glühende Eisen,

Bodmers Mißgünstige brennt, sie fluchen dem lobenden
Freunde;

Aber sein Lob sind Worte, die Wahrheit sind und Ge=
schichten.

Sulzern gefallen ist gleichviel werth, wie Fürsten ge=
fallen.

Und er machte Bodmern bekannt mit seiner Geliebten,

Pflanzte die Lieb' in sie, die er zu ihm hatte; der Frauen

Beifall war Unschuld und Einfalt des unverdorbenen
Herzens.

War er Saf und Jerusalem nicht gleichgültig, und
schätz' ihn

Spalding, so that es Sulzer, der ihre Stirn zu
ihm neigte.

Würdiges Kleeblatt, sie bewährten mit Thaten und Leben,

Daß die Unschuld nicht Worte sei, der Himmel nicht Taumel.

Wäser lachte mit Swifts und Lucians Mine des
Momus,

Aber sein Herz war weis' und gütig, wie Addisons
Herz war.

Künzli belachte mit Sokrates ernstem Scherze die
Thorheit,

Spürte sie auf und verrieth sie in ihrer künstlichsten
Maske.

Schinz, ein Prediger, kämpft' im Dienst der Muse mit
Bodmer.

Und der andere Schinz zerriß die gefolterte Seele,

Wie sie Young zerriß, als Perseus den sanftesten
Bruder

Haßte, mit seinem Vater stritt, in Wuth sich die Liebe
Wandelt'; auf jedem Gesicht saß dunkle Trauer, und
Mitleid

Pochte laut in der fühlenden Brust. Izt ist er bemühet,

Daß er den Stolz der Negative dämpfte, die gerne

Auf den Nacken das Joch des Mächtigern nehmen, damit sie

Auf die Freigebornen und Brüder ein härteres legen.

Meister hatte die Liebe zu ihm vom Vater gelernet,

Und ihn zu schätzen; doch ihn verletzte Diderots
Suada.

Ihn vermocht' nicht bei sich die ländliche Hütte zu halten,

Nicht die beblümte Flur, er floh in die Stadt des Ge-
lermes,

Voller Unrath und Schlamm; denn er liebte die witzigen
Freuden.

Doch wir behielten den munteren Lienhard, den la-
chenden Denker,

Schönen Schreiber und Prediger, den mit dem Pinsel
der Mädchen

Wolbekannten; von uns ist längst auch Füßli geflohen;

Füßli konnte mit Schrift die Farbe malen der Seele,

Aber er nahm sie zu schildern, Palett und Pinsel; ihn rissen

Angelos jüngstes Gericht zu sich und Stoschen's
Cameen.

Lear raset in seinen Gemälden, und Hamlets Erscheinung

Machet die Nacht von Schrecken. Also, der vor Jahren
und Tagen

In poetischem Ton des Faunus zerbrochenen Krug sang,

Malte, wie Pan die Nimf' in lispelnden Schilf sich verwandeln

Sahe, wie er die Flöte von Schilf ungleich an der Länge

Schnitt, und mit Wachs zusammenklebt' und ein trauri-
ges Lied sang.

Echo horchte der neuen Musik und sang sie dem Fels nach;

Geßner malt itzt Idyllen mit Licht' und Schatten und
Farbe,

Geßner liebt noch den alten Bodmer, wie dieser
den Mann liebt.

Füßli der andere spürt die Ahnen auf, die dem Staate
Sitten gegeben, und Recht', und stellt sie den Enkeln
zum Vorbild.

Welche Mißhandlung, wenn ich Lavaters Namen nicht
spräche!

Den mit Verhüllen des Hauptes die Völker, mit Schlagen
am Busen,

Hochverehren, den sein Zürch den Wohlthätigen nennet;
Von ihm empfängt der Hungrige Brod, der Sterbende
Leben.

Bodmern grauten die Haare, das Leben welkt', in
den Tagen

Alterten selbst zu Greisen, die in der Fülle des Lebens
Ihre Lieb' ihm gewährten, und rükten dem Grabe mit
ihm zu.

Söhne, mit derer Ahnen, noch Jüngling, er hatte gelebet;

Kamen den Nestor am Ufer der Limmat zu grüssen; La
Roche

Sandt', ihn um seinen Segen zu bitten, den sanftesten
Knaben,

Ihren Liebling, den sie dem besten Gatten geboren;
O den haffete Gott, der Sophia's Hand nicht bewahrte,
Und der, dem sie vermählt ist, war geliebt von dem
Himmel.

Stolberg kam in dem ewigen Eis der Alpen zu wandeln,

Grüßte den Vater Bodmer am sanftern Hange des
Hügel;

Redete viel von Nestor-Homer mit bebender Lippe;

Schimmer im Auge trof wie Thau von des Weinenden
Danke,

„In die Gesänge Homers. Von Idas Gipfel,“ so
sprach er,

„Goß den heiligen Strom die Mutter Natur, und die
Fluten

Voller Gottheit, mit Sonnen besät, wie der Gürtel der
Nacht ist,

Wälzten tönend mit himmlischen Harmonieen die Wogen;

Und die Natur erfreut, rief ihre goldlockigten Töchter,

Wahrheit und Schönheit, die beiden beugten sich über
dem Strome,

Und erkannten erstaunt ihr Bild in jeglicher Welle.“

Pfeffel hatte die Kühnheit den bösen Menschen zu
loben,

Welcher die Schänder schmähte der hellkonischen Muse;

Der den schmähte, dem Döblin das castrum doloris
erbaut hat.

Hartmann gab ihm sein Herz in den blühenden Tagen
des Jünglings,

Und er nahms nicht zurük in den reifenden Jahren des
Mannes.

Hätt' er gelebt, er hätte sein Lob zu der Weichsel getragen

Was das Schicksal ihm nicht willfahrte, bewilligt' es Er,
Der ein verständig Gefühl hat; ihm hat die Muse des
Pindus

Ihre Lippen geliehn, das Schöne und Gute zu loben.

Wenn es im Schicksal liegt, daß Bodmers Geist nach
dem Tode

Einen andern Körper belebt, ein munterer Einfall!

Wünschte Schlosser, daß Bodmer der Vater würde,
der Sohn Er.

Bodmers erinnert der junge von Giech sich in seinem
Gewölbe,

Wenn er dem Leben, dem Tod, der Zernichtung, dem
Himmel da nachhängt.

Jüngst nahm Bodmers Liebe mit sich Majevski nach
Kurland,

Dieser behält die Liebe zu ihm, durch Provinzen geschieden.

Hottinger sei gewarnet, wenn du mit Majevski
eiferst,

Daß du vor ängstlicher Treue Virglin nicht ungetreu
werdest!

O behalt' in Gedanken den letzten Willen des Dichters,

Daß sein Werk in den Flammen verderben solle, wie Dido.

Noch wächst am Gestade der Pegnitz ein Jüngling zum
Manne,

Den die Muse geweiht in Franken die Ehre der Sänger
Herzustellen, die ihm der alte Marner gegeben,

Die ihm Clajus zu geben umsonst die Schalmei geblasen.

Elle Günther mit Wachsen, und spanne die Flügel
wie Schmitt aus,

Nicht der Schmid, der in den Sümpfen des Hellkons
quätet,

Sondern der Abonal sang mit seinen fünf Söhnen.

Noch verschließet dem Alten der Jahre Frost nicht die
Laufbahn,

Wie er sie Nestor verwehrte; die doppelt geschlagene
Trinkschal

Schenkt ihm Achill der Pelide, die Nestor weder mit
Riemen,

Noch mit Ringen gewann; er warf die Lanze nicht, spornte

In der Palästra die Füße nicht mehr, von den Jahren
bezwungen.

Schlaff war jedes Gliedmaß, die Arm' an den Schultern
des Greisen

Hiengen, und er benetzte nicht mehr die Schenkel mit
Freiheit.

Bodmer war nicht so krank, er stand bei den Edeln
im Kampffeld;

Ihr Mitwerber, noch pocht' in der Brust die Siegeßbe-
gierde,

Welche nicht Streitsucht war, nur Verlangen des Wahren
und Guten.

Männer warens, die Bodmer der Mann, erst liebet'
und ehrte,

Die ihn hinwieder liebten, die seinen Sinn nicht verkannten;

Jünglinge , die zum Manne zu wachsen sich spornen und
eilen,

Lieben den grauen Mann, wie ihn die Männer erst liebten.

Ihnen verdankt die Sprache , daß Enkel der Enkel mit
ihr sich

Brüsten , und Völker sie lernen von feinern Sinnen und
Sitten.

Frage H......, den Stolzen , ob nur ihr Begleiter,
doch mehr noch

Ihr Miteifrer, Mitbuhler zu seyn; ob dieser Begriff nicht

Zwar die Vergleichung nicht verschlingt , doch beneidbares
Lob ist.

Männer warens, in deren Seele die Blume gepflanzt ist,

Welche durch innere Kraft hervorzustreben begabt war;

Freiheit des Geistes , sie hatten den Schwung zu nehmen
nicht nöthig,

Daß der reiche Mäcenas, daß ihnen Augustus, der Schwache,

An der niedlichen Tafel den Geist erhöhete, Villa's

Ihnen erbaute, Corvin und Tibull sich ihrer nicht schämten.

Würde war der Gedank' und Kraft , der hervor aus der
Seele

Quoll, die Hoheit , die Fülle , die Stärke waren nicht
Sprache,

Seele war es und That , die Sprach' ist Körper und
Töne.

Lob' o Deutscher ! nicht Ramlern so schief, wie Ka-
pis ihn lobte,

Ramlern komme nichts bei an Sprachvermögen, er
rede
Lebenathmenden Ton. Verdient er's, so lob' ihn geschikter!
Allemal hat er zu seinem Dienst die Wort' und die Farben,
Welche das Bild darstellen, das Leben, die Wahrheit der
Sache,
Fallen Gedanken dir auf, die dich mit Wunder erfüllen;
O so hülle dein Lob nicht ein in Metapher und Trope,
Mach' uns nicht irre mit Licht, mit Fülle, mit Schwere
der Worte,
Nicht mit blumigtem Ausdruk, Gedrungenheit, Weichheit
der Sprache,
Nicht mit Neuheit der Bei- und der Mittelwörter. Das
ist nur
Mißbedeutender Schall, Gemengsel der Sprach' und der
Rede.
Von den Männern, der Westen Einer, von epischen Kräf-
ten,
Schrieb nicht, ein blaues Band an die Weste zu nähen,
im Wagen
Mit sechs Pferden bespannt durch Berlin zu fahren; die
Kräfte
In Bewegung zu sezen, ihm anerschaffne Talente
Hatt' er nicht Hebezeuge vonnöthen; sie trieben innwendig,
Da das Schicksal ihn mit Genie ausrüstet' „erklärt' es
Ihn zum Dichter; er hätte des Schicksals Willen vollzogen,
Hätt' die Mutter ihn in Dithmarsens Marschland geboren

336.

Wäre sein Gut in der Reisetasche beschlossen gewesen;
Denn er hätt' in dem Marschlande das Brod in der Tasche
beschlossen,

Frühe gewußt, was edel und schön ist, und hätt' er's
bekennet;

Nimmer wird es dem Geist, der zur Knechtschaft gebeugt
ist, gelingen,

Daß er in seinen Vers den Adel ergieße der Seele.

Aber der andere, der den Himmel, die Abkunft vom
Himmel

Fühlet, vermiethet den schönen Geist nicht, die göttlichen
Gaben,

Gegen Quasten von Gold und Tressen, noch fettere Schüs-
seln;

Eher stillt' er mit Nuß und Wurzeln den bellenden Magen.

Selten hat man den Dichter nach Silber geizen gesehen,
Nur der Vers hat Reize für ihn und die Stärk' in dem
Verse;

Bankerutte, Verlust und Brand gehn ihm nicht zum Herzen,
Reich in der armen Hütte, wo nichts entbehrliches da ist,
Nichts, was ein Dieb ihm rauben könnt' und er es ver-
missen.

Ihn ergözt es, auf unbetretenen Wegen zu wandeln,
Wo er verborgen, nur von sich selbst begleitet, das Volk
flieht.

Hier verschmäht er die Stadt voll Rauch, voll Schlamm
und Getümmels,

Nicht gering ist der Ruhm, der Edlen Bekanntschaft zu
haben,
Derer Lob zu erhalten, die selbst so würdig des Lobs sind.
Hätt' er doch einsam und dunkel in seiner Hütte gelebet,
Unbekannt ihnen, sie ihm, ungelobt, vom Ruhme vergessen,
Dennoch hätt' er sich nicht gegrämt, in der Seele beruhigt,
Daß er verkannt von dem nicht ist, der die Nieren er-
forschet,
Vor dem nicht die geringste That unbemerket vergehet,
Der sie zählt und schätzt, er selbst, die Quelle des Guten

A

Verbesserungen.

———————

Seite 140 fehlt die Unterschrift des Briefes : Hch.

— 180 ist die Aufschrift überflüßig.

Verzeichniß einiger Gebrüder Mäntler'schen Verlagsbücher.

B . . r, der Schieferdeker, nicht Fallſtaf, nicht Eulen=
ſpiegel, ſondern ganz Er!! Mit deſſelben Sil-
houette in Lebensgröſſe. 8. 1792.　　24 kr.

Blätter, (proſaiſche und dramatiſche,) in Meißners
Manier, von J. Fr. Hopf, 8. Iſt unter der Preſſe.

Braſtberger, Immanuel Gottlob, weil. Spezialſu-
perintendenten in Nürtingen, fünfunddreißig
Predigten über allerlei Texte, mit groben Let=
tern, und dem Porträt des Verfaſſers. 4.　30 kr.

Briefe berühmter Deutſchen an Bodmer, herausge=
geben von G. F. Stäudlin, mit einer braun abge=
drukten Vignette von d'Argent. 8. 1794.
　　　　　fl. 1, 15 kr.

　Sollte ſich irgend ein ſpekulativer Nachdruker
　unterſtehen, auch dieſes Werkchen nachzu=
　pfuſchen; ſo erbieten ſich die Verleger ſchon
　jezt: gegenwärtige Originalausga=
　be augenbliklich in gleichem Preiſe
　auszugeben, wenn jener auch mehr
　als noch ſo niedrig wäre.

Charlotte Corday und Marat, ein biographiſches
Bruchſtük, 8. 1793, 52 Seiten, mit ei=
ner colorirten Vignette, broſchirt　　12 kr.

Choralbuch, (vierſtimmiges,) zum neuen wirtem=
bergiſchen Landgeſangbuche; mit unterlegtem
Texte, beigefügten Uebergängen, Choralſchlüſ=
ſen, einem in Partitur geſezten feierlichen
„Herr Gott dich loben wir!‟ ſehr vielen Vor=
und Nachſpielen, nebſt einer Choralſchule. Ab=
handlung über den Nuzzen des 4ſtimmigen Chorals,
2c. Herausgegeben von Chriſtmann und Knecht. Erſte
Abtheilung, enthält auf 104 Seiten 94 Melo=
dien, und iſt bereits zu haben. Die zwote ſtär=
kere Abtheilung, die wirklich unter der Preſſe
iſt, wird wenigſtens noch 25 Bögen und 130

Melodien enthalten; der Haupttitel zu beden
Abtheilungen wird mit einer Vignette von d'Ar=
gent geziert. Das Format ist groß Querquart. Je=
de dieser Abtheilungen kostet broschirt fl. 1, 45 kr.

Die Namen der Verfasser bürgen für die Güte
des Werkes; die Verleger schmeicheln sich
daher mit Recht, auch im Auslande, wo neue
Gesangbücher eingeführt sind, beträchtlichen
Absazzes; um so mehr, da diese Melodien
wegen ihrer starken Anzal, und weil mehre=
re ältere Melodien von den besten Tonsezern
darinn aufgenommen worden, füglich zu jedem
derselben werden benuzt werden können.

Denkmal der Erinnerung an Johanne von Berner=
din, gr. 8. 1793, broschirt   12 kr.

Einleitung in das wirtembergische Landrecht, mit An=
merkungen von den berühmtesten Rechtsgelehrten,
von Hochstetter. 8. weiß Papier 1 fl. ord. 48 kr.

Geßners Idyllen, deutsch und italienisch gegenüber,
von Prof. Procopio übersezt, mit Vignetten und
Titelkupfern, 2 Theile. 8. 1790.   2 fl.

Leben und Gesinnungen Ch. Dan. Fr. Schubarts, von
ihm selbst im Kerker aufgesezt, mit Porträt in engl.
Manier, Vignette u. 2 Kupf. 1. Th. 1791. 8. 1 fl.
Ditto 2. Th. mit Vignette u. 3 Kupf. 1793. 8. 1 fl.

Reich, (das türkische,) nebst Erklärung der gewöhnl.
türkischen Benennungen im Civil=u. Militärstande,
mit einem Titelkupfer, 8. 1. Th.   30 kr.

Sammlung jährlicher Sonn= Fest und Feiertags= Paf=
sions= u. Kasualpredigten, von Carl Heinr. Rieger,
weil. Consist. Rath und Stiftsprediger zu Stutt=
gart, gr. 4. Wird so eben fertig werden.

Trenk, Pandurenobrist, 3 Theile, mit Vorreden von
Schubart, Bildniß, Titelkupfern und Vignetten,
nebst Musik. 1789-90. 8.   1. fl. 30 kr.

Ueber die Vereinigung der christlichen Religionspar=
teien, von einem altchristlichen Wahrheitsforscher,
mit Vorrede von Schubart. 1790. 8.   30 kr.

www.ingramcontent.com/pod-product-compliance
Lightning Source LLC
Chambersburg PA
CBHW021110270326
41929CB00009B/807